HEIDELBERGER BEITRÄGE ZUM FINANZ- UND STEUERRECHT

Heidelberg Working Paper Series on Public Finance and Tax Law

INSTITUT FÜR
FINANZ- UND
STEUERRECHT

Hanno Kube/Ekkehart Reimer (Hrsg.)

Geprägte Freiheit 2025/26

Impulse aus dem Institut für Finanz- und Steuerrecht

HFSt **24**

Hanno Kube/Ekkehart Reimer (Hrsg.), Geprägte Freiheit 2025/26
Online-Fassung: http://journals.ub.uni-heidelberg.de/index.php/hfst/index

Zitiervorschlag:
Autor, in HFSt 24 (2026), Seite.

Umschlagsgestaltung: Atelier Peter Nardo, Mannheim
Druck: docupoint GmbH, Magdeburg
Die Deutsche Nationalbibliothek verzeichnet diese Publikation in der Deutschen Nationalbibliographie; detaillierte bibliografische Daten sind im Internet über www.dnb.de abrufbar.

Herausgeber:
Prof. Dr. Hanno Kube, LL.M. (Cornell), Prof. Dr. Ekkehart Reimer
Ruprecht-Karls-Universität Heidelberg, Institut für Finanz- und Steuerrecht

ISBN 978-3-96543-624-4
Lehmanns Media, Berlin 2026
Helmholtzstraße 2-9
10587 Berlin
verlag@lehmanns.de
www.lehmanns.de

Inhaltsverzeichnis

Vorwort

Das Geld ist knapp, das Recht gefordert. Hat das Steuerrecht beinahe immer Konjunktur, ist das Finanzverfassungsrecht in den letzten Monaten in besonderer, vielleicht sogar beispielloser Weise in das Zentrum der öffentlichen und auch politischen Aufmerksamkeit gerückt. Die schon in ihren Entstehungsbedingungen aufsehenerregende Verfassungsänderung im März 2025 hat die Kreditaufnahme der öffentlichen Hand schlagartig erleichtert, das Ringen um eine auskömmliche Finanzierung der Gebietskörperschaften und der Parafisci aber nicht beruhigt. Die rechtswissenschaftliche Begleitung dieser Entwicklungen gehört zu den großen Aufgaben, denen sich das Institut für Finanz- und Steuerrecht stellt.

Der vorliegende Band legt Zeugnis von einer Umbruchzeit ab, deren Ende nicht absehbar ist. Er versteht sich als Rechenschaftsbericht, vor allem aber auch als Sammlung von Gedankenanstößen, mit denen alle, die im Institut tätig sind, aus ihrer Arbeit berichten und Impulse für die Weiterentwicklung des Öffentlichen Rechts, namentlich des Finanzrechts geben.

Gewidmet ist dieser Band Reinhard Mußgnug. Von 1978 bis 2004 war er einer der beiden Direktoren des Instituts für Finanz- und Steuerrecht. Am Allerheiligentag 2025 hat er bewusst – und bewusst im großen Kreis – die Vollendung seines 90. Lebensjahres gefeiert. An dem zu seinen Ehren veranstalteten Institutssymposion am 7. November in der Heidelberger Akademie der Wissenschaften konnte er nicht mehr persönlich teilnehmen. Am 12. November ist er in seiner Geburtsstadt Mannheim verstorben.

Wir werden ihm ein ehrendes Andenken bewahren.

Heidelberg, im November 2025

Hanno Kube
Ekkehart Reimer

Aus der Arbeit des Instituts

§ 1 Verhältnismäßigkeit im Steuerrecht

Paul Kirchhof

I. Grundrechtsschutz im Steuerrecht

Als nach dem ersten Weltkrieg in der frühdemokratischen Rechtlichkeit Deutschlands staatliche Eingriffe in Rechtspositionen des Bürgers unter Gesetzesvorbehalt gestellt wurden, waren der **polizeiliche und der steuerliche Eingriff Anlass für diesen Parlamentsvorbehalt**, den damit verbundenen Schriftlichkeitsvorbehalt und die Allgemeinheit der Gesetzesinhalte.[1] Als dann das Grundgesetz die Rechte der Menschen in gerichtlich durchsetzbaren Rechtspositionen festigte, musste auch die staatliche Steuergewalt jeden Eingriff **vor den Grundrechten rechtfertigen.**[2] Sie ist insbesondere an der Eigentumsgarantie zu messen, weil die ökonomische Grundlage individueller Freiheit in der modernen Geldwirtschaft nicht mehr das Sacheigentum – die Landwirtschaft, der Gewerbebetrieb, das Grundstück –, sondern das Geldvermögen ist. Damit muss auch der staatliche Zugriff auf dieses Vermögen in den Schutz des Art. 14 GG einbezogen werden. Die Einkommensteuer belastet das erworbene – zugeflossene, realisierte – Einkommen, greift also in den Erwerbserfolg der Eigentümerfreiheit (Art. 14 Abs. 1 GG) ein. Die Berufsfreiheit (Art. 12 Abs. 1 GG) gewährleistet die Freiheit des Erwerbens, schützt den Erwerbenden auf dem Weg zum Erwerbserfolg, insbesondere den Unternehmer bei der freien Gründung und Führung seines Unternehmens, den Berufstätigen bei der organisatorischen und vertraglichen Gestaltung seines Erwerbs[3] und bei der steuerlichen Lenkung.[4] Auch der Schutz von Ehe und Familie (Art. 6

---

1 *O. Mayer*, Deutsches Verwaltungsrecht I, 3. Aufl. 1924, Nachdruck 1969, S. 65; *M. Erzberger*, Reden, Zur Neuordnung des deutschen Finanzwesens, 1919, S. 5 f.; *K. Epstein*, Matthias Erzberger and the Dilemma of German Democracy, übersetzt von Irmgard Kutscher, 1962, S. 377 f.

2 BVerfGE 93, 121 (137); BVerfGE 115, 97 (115); BVerfGE 162, 325 (345).

3 BVerfGE 170, 377 (409 f.).

4 BVerfGE 164, 347 (415); BVerfGE 161, 1 (34); BVerfGE 98, 106 (117).

Abs. 1 GG), die Vereinigungsfreiheit (Art. 9 Abs. 1 GG) und die allgemeine Handlungsfreiheit (Art. 2 Abs. 1 GG) entfalten Schutzwirkungen gegenüber der Besteuerungsgewalt. Besondere praktische Bedeutung gewinnt der Gleichheitssatz (Art. 3 Abs. 1 GG), der als Maßstab für die gerechte Verteilung der Steuerlasten ein elementares Anliegen der Steuergerechtigkeit zum Inhalt hat.

II. Grundsatz der Verhältnismäßigkeit

Zentrale inhaltliche Grenzen für Grundrechtseingriffe setzt – neben dem Gesetzesvorbehalt – der Grundsatz der Verhältnismäßigkeit (Übermaßverbot und Gleichmaß). Der staatliche Eingriff ist nur für einen **verfassungslegitimen** Zweck zulässig und darf nur mit einem dazu tauglichen Mittel verfolgt werden, das zum Erreichen dieses Zwecks geeignet, erforderlich und angemessen (zumutbar) ist. Dieses im Rechtsstaatsprinzip und insbesondere in den Grundrechten angelegte Verhältnismäßigkeitsprinzip fordert eine dreifache Prüfung.

1. Zunächst muss das **Ziel des staatlichen Eingriffs** gerechtfertigt werden. Eine Steuer dient der Erzielung staatlicher Einnahmen, der Finanzierung der Staatsaufgaben, ist deshalb als Finanzierungsinstrument zu rechtfertigen.

2. Sodann muss geprüft werden, ob der gewählte staatliche Eingriff zur Finanzierung des Staates **geeignet, erforderlich und angemessen** ist.[5] Eine Steuer ist nicht **geeignet**, wenn sie **erdrosselnd** wirkt, die Steuerquelle zerstört, der Besteuerung die Grundlage entzieht. Mit der Zerstörung der Steuerquelle würde das Besteuerungsziel einer regelmäßigen Jahressteuer und einer Erhaltung der Steuerquelle für den Steuerpflichtigen verfehlt. Eine Steuer ist als Finanzierungsinstrument für den Staat auch ungeeignet, wenn die **durch die Erhebung der Steuern verursachten Verwaltungskosten** für Staat und Steuerpflichtigen den erzielten Steuerertrag erreichen oder übersteigen. Diese Frage stellt sich bei der Übernachtungssteuer[6],

---

[5] BVerfGE 118, 168 (193).

[6] Vgl. BVerfGE 161, 1 (36).

ebenso bei den zehn kleinsten der insgesamt rund 40 Steuerarten auf Bundesebene, die insgesamt nur 0,1 % des Gesamtsteueraufkommens (2024) erbringen, deshalb kaum die Verwaltungskosten decken.[7] Die Schankerlaubnissteuer erbringt 0,0000008 % des Steueraufkommens, die Rennwettsteuer 0,0008 % des Steueraufkommens, die Jagd- und Fischereisteuer 0,007 % des Gesamtsteueraufkommens.

Eine Steuer wäre nicht **erforderlich**, wenn der Staat bei der Leistungsverwaltung im Leistungsentgelt **eine bessere Alternative** hätte, bei den Lenkungssteuern das Lenkungsziel durch Ge- oder Verbote in größerer, rechtsstaatlich gebotener Verlässlichkeit erreichen würde, oder wenn eine allgemeine und effiziente Steuer – die Umsatzsteuer – das Ziel einer gleichmäßigen und verlässlichen Besteuerung besser verwirklichte als kleine Verbrauchs- und Aufwandsteuern.[8]

Das Kriterium der **Zumutbarkeit (Angemessenheit)** der Steuerlast fordert die Prüfung, ob der verallgemeinernde Gesetzgeber in seiner Generalisierung notwendige Grenzen oder Ausnahmen für verminderte Leistungsfähigkeit oder außergewöhnliche Belastungen verfehlt und ob die Normalität einer allgemeinen Steuer, die den Belastungsgrund im Typus richtig erfasst, in der Anwendung auf den Einzelfall eine nicht vertretbare Belastungswirkung erzielt. Dieses Erfordernis individueller Zumutbarkeit ist das **wesentliche Mäßigungsinstrument gegen ein Besteuerungsübermaß**.[9]

3. Der Maßstab der Verhältnismäßigkeit ist „**bereichsspezifisch**" anzuwenden.[10] Die Verhältnismäßigkeit lässt sich nur „in Bezug auf die jeweils betroffenen unterschiedlichen Sach- und Regelungsbereiche" bestimmen.[11] Bezugsgröße ist hier nicht mehr der „Einzelfall", sondern zutreffend

---

7 Destatis, Statistisches Bundesamt, Statistik über das Steueraufkommen, Code 71211-0001, abrufbar unter: https://www.destatis.de/DE/Themen/Staat/Steuern/Steuereinnahmen/Publikationen/Downloads-Steuerhaushalt/statistischer-bericht-steuerhaushalt-2140400243235.xlsx?__blob=publicationFile&v=2 (letzter Aufruf: 13.10.2025).

8 So bereits *M. Erzberger* (Fn. 1), S. 15.

9 BVerfG v. 26.3.2025 – 2 BvR 1505/20 Rn. 146.

10 BVerfGE 136, 127 (144), st. Rspr vor allem für den Gleichheitssatz; *P. Kirchhof*, in: Dürig/Herzog/Scholz, Grundgesetz, Stand: 09.2015, Art. 3 Abs. 1 Rn. 314, 323.

11 BVerfG v. 26.3.2025 – 2 BvR 1505/20 Rn. 155; BVerfGE 160, 41 (63); BVerfGE 164, 347 (393); BVerfGE 168, 1 (48).

der Regelungsbereich. Diese Geeignetheit, Erforderlichkeit und Angemessenheit der Steuerlast je nach Eigenart des Regelungsbereichs gewinnt im Steuerrecht besonderes Gewicht. Die Finanzverfassung des Grundgesetzes teilt das Steueraufkommen aus den einzelnen Steuerarten bundesstaatlich auf, benennt so die dem Gesetzgeber im wesentlichen verfügbaren Ertragsquellen (**Art. 106 GG**). Verteilt das Grundgesetz Erträge aus den herkömmlichen Steuertypen, **anerkennt** es – wenn auch aus bundesstaatlichem Anlass – **die gesetzliche Nutzung dieser Steuerquelle**. Wenn Bund oder Länder eine Ertragsquelle beanspruchen dürfen, ist damit zugleich gesagt, dass dieser Belastungsgrund im Steuerrechtsverhältnis zum Steuerpflichtigen verfassungskonform ist.[12]

Das Grundgesetz regelt diesen lebensbereichsbezogenen Schutz nicht ausdrücklich in grundrechtlichen Einzelgewährleistungen. Eine solche Spezialisierung ist eine Besonderheit der Finanzverfassung (Art. 106 Abs. 3 Satz 4 Nr. 2 GG: „Vermeidung einer Überbelastung" des Steuerpflichtigen). Die Grundrechte binden alle Staatsgewalt (Art. 1 Abs. 3 GG). Eine spezielle Bindung einzelner Staatsgewalten – der Steuergewalt, der Polizeigewalt, der Berufsaufsicht oder der Sozialstaatlichkeit – würde diese Allgemeingeltung infrage stellen.

Die bereichsspezifischen Besonderheiten des Steuerrechts kommen vor allem im **Folgerichtigkeitsprinzip** zur Wirkung. Wenn der Gesetzgeber sich für ein bestimmtes Besteuerungsprinzip, einen Belastungsgrund, entschieden hat, fordert die Freiheits- und Gleichheitsgewähr, dass er für die Dauer der Geltung dieses Prinzips seine Leitgedanken systemgerecht und widerspruchsfrei durchführt.[13] Die Besteuerung der Einkünfte als Nettogröße (erwerbssicherndes Nettoprinzip) entspricht dem Prinzip einer Besteuerung des Erwerbserfolges, ist deswegen für die Dauer der Geltung des Prinzips im EStG folgerichtig durchzuführen.[14] Solange der Gesetzgeber einen

---

[12] BVerfGE 145, 171 (192 f.) m.N., st. Rspr.

[13] BVerfGE 107, 27 (46); BVerfGE 164, 347 (408); BVerfGE 168, 1 (52 f.), dort Rn. 145 (51) auch zu einer Aufhebung der „Maßstabsfunktion der Belastungsentscheidung" durch den Gesetzgeber.

[14] BVerfGE 84, 239 (268); BVerfGE 112, 268 (279); BVerfGE 145, 106 (147); BVerfGE 162, 277 (308).

Leitgedanken für eine Steuer regelt, muss er diesem widerspruchsfrei und nachvollziehbar folgen.[15]

III. Individualisierende Verhältnismäßigkeit

Die Anwendung des Verhältnismäßigkeitsprinzips auf die Steuer wird in Frage gestellt, weil jede Steuer – auch eine Besteuerung nach der Haarfarbe oder dem Lebensalter – dem Staat Haushaltsmittel zur Verfügung stelle, also das Besteuerungsziel erreiche, die Verhältnismäßigkeit insoweit ins Leere laufe.[16] Diese Auffassung weist richtigerweise daraufhin, dass **Staatsaufgaben mit Steuern jeder Art finanziert werden könnten,** jede Steuer Erträge erbringt. Diese Feststellung **beantwortet aber nicht die Frage**, ob **die konkrete Belastung** des Steuerpflichtigen mit der ihn treffenden Einkommensteuer, mit der ihn belastenden Erbschaftsteuer, mit der auf ihn abgewälzten Umsatzsteuer in dem individuellen Steuerrechtsverhältnis den **Erfordernissen der Geeignetheit, Erforderlichkeit und Zumutbarkeit genügt**. Das Verhältnismäßigkeitsprinzip ist Ausdruck des Grundrechtschutzes gegenüber der staatlichen Steuergewalt, handelt nicht von den abstrakten Wirkungen einer Steuer, sondern schützt den einzelnen Steuerpflichtigen vor einem übermäßigen und ungleichmäßigen Steuerzugriff auf seine konkrete Eigentümerposition, mag diese Last auch zur Finanzierung staatlicher Aufgaben dienen können. Das Verhältnismäßigkeitsprinzip gewährleistet, dass die **steuerliche Teilhabe** am individuellen Einkommen, an der individuell empfangenen Erbmasse, an der im individuellen Konsum vermuteten Kaufkraft geeignet, erforderlich und zumutbar ist.

Dieses grundrechtlich individualisierende Verständnis des Verhältnismäßigkeitsprinzips **ist in anderen Teilrechtsordnungen selbstverständlich**. Beabsichtigt der Staat im Gesundheitswesen einen medizinischen Eingriff, so genügt es nicht, dass dieser der allgemeinen Volksgesundheit dient. Für die Verhältnismäßigkeit entscheidend ist die konkrete Heilungschance des

---

[15] Vgl. BVerfGE 164, 347 (408), st. Rspr.

[16] BVerfGE 115, 97 (115); *H.-J. Papier/F. Shirvani*: in Dürig/Herzog/Scholz, Grundgesetz, Stand: 08.2023, Art. 14 Rn. 293; *J. Hey* in: Tipke/Lang, Steuerrecht, 25. Aufl. 2024, Kapitel 3 Rn. 182.

Patienten und seine individuelle Einwilligung. Im Recht der Gefahrenabwehr kann ein Grundrechtseingriff nicht schon durch das allgemeine Sicherheitsinteresse des Staates – die abstrakte Gefahr – gerechtfertigt, sondern muss als individuell-konkrete Belastung für die Freiheit des Einzelnen, des Störers oder Nichtstörers – der konkreten Gefahr – gemäßigt werden. Beim Klimaschutz wird ein Eingriff nicht abschließend in seinen Wirkungen für das Weltklima gemessen. Vielmehr muss der Eingriff in seiner individuell-konkreten Belastungswirkung für den Betroffenen – die Tragbarkeit für einen Unternehmer, für einen Berufskraftfahrer, für einen Behinderten – gewürdigt werden. Maßvoll ist nicht jede individuelle Steuerlast, die staatliche Aufgaben finanziert. Grundrechtskonform ist nur eine Steuer, wenn sie die Belastungsgrundlage für den Steuerpflichtigen erhält, nicht durch eine bessere Finanzierungsalternative ersetzt werden kann und insbesondere dem Einzelnen in seiner grundrechtlichen Betroffenheit zumutbar ist.[17]

IV. Rechtfertigung der Steuern

Wir erklären das Steuerrechtsverhältnis nicht mit einem Steuergesetzgeber, der sich auch mit törichten Steuern finanziert und seine Aufgaben – finanzrechtlich: seinen Haushalt – beliebig bestimmt. Der verfassungsrechtliche Blick auf das Steuerrechtsverhältnis ist geprägt durch den Grundrechtschutz und einen verfassungsgebundenen Gesetzgeber. Der demokratische Parlamentarismus fordert für die Besteuerung und für die Bestimmung der Staatsaufgaben eine **doppelte Legitimation des Parlaments** durch Wahl und durch die verfassungsrechtliche Bindung jeder Parlamentsentscheidung. Beim Staatshaushalt gilt zudem ein besonderer Parlamentsvorbehalt.

Der Schutz der Grundrechte hat zur Folge, dass der Gesetzgeber **schon die Steuerarten** nicht beliebig, sondern nur grundrechtskonform bestimmen

[17] Zum Verhältnismäßigkeitsprinzip, das in den Geboten der Eignung und der Erforderlichkeit „kaum greifbare Ansatzpunkte für eine Begrenzung jenseits „erdrosselnder“, die Steuerquelle selbst vernichtender Belastungen bietet, im Rahmen einer Gesamtabwägung zur Angemessenheit und Zumutbarkeit der Steuerbelastung aber Obergrenzen“ setzt; BVerfG v. 26.3.2025 – 2 BvR 1505/20 Rn. 146.

darf. Die Einführung einer allein die individuelle Existenz belastenden **Personensteuer**, bei der Bettler und Millionär monatlich 1.000 Euro zu zahlen haben, wäre offensichtlich grundrechtswidrig. Auch eine **allgemeine Vermögensteuer**, die schlicht den Individualbestand eines Vermögens belastet, mag er durch harte Arbeit erworben oder leichter Hand an der Börse mitgenommen, mag er ererbt oder geschenkt, mag er staatlich zugewendet oder erbettelt, durch Konsumverzicht oder Lotteriegewinn entstanden, als Produktivkapital gebunden oder in Liquidität verfügbar sein, wäre grundrechtswidrig. Wer nur Vermögensunterschiede beobachtet, nicht nach deren Berechtigung fragt, wäre als Gesetzgeber nicht legitimiert. Zu rechtfertigen ist eine derartige allgemeine Vermögenszuwachssteuer allenfalls als eine Kriegsfolgenabgabe, die einen Ausgleich schafft zwischen denen, die im Krieg alles verloren haben, und denen, die ihren Besitz bewahren konnten.[18]

Grundrechtswidrig wäre auch eine Gesamtsteuerlast, die aus dem Zusammenwirken von – jeweils als Einzelsteuer gerechtfertigten – Steuern entsteht. Eine **kumulative Belastung**[19] kann einen Steuerpflichtigen durch mehrere Steuern – die Einkommensteuer und die Gewerbesteuer – belasten, oder einen Steuergegenstand bei unterschiedlichen Personen – z. B. den Gewinn bei der Körperschaft und beim Ausschüttungsempfänger – mehrmals besteuern. Eine Überlast entsteht insbesondere, wenn der Gesetzgeber die von ihm zu verantwortete Gesamtlast aus dem Blick verliert oder mehrere Steuergesetzgeber – Bund, Länder, Gemeinden, EU – unkoordiniert besteuern.

Auch das Prinzip einer **Besteuerung nach der finanziellen Leistungsfähigkeit**[20] belastet nicht – in der Perspektive eines bloßen Vollstreckungsorgans – alle Vermögensgegenstände, auf die ein Gläubiger zugreifen

---

[18] Vgl. die Vermögenszuwachsabgabe nach dem ersten Weltkrieg, Gesetz über eine Kriegsabgabe von Vermögenszuwachs v. 10.9.1919, dazu *M. Erzberger* (Fn. 1) S. 14, 109 f.

[19] Vgl. BVerfGE 93, 121 (137); BVerfGE 115, 97 (115); BVerfG v. 26.3.2025 – 2 BvR 1505/20 Rn. 131 f.

[20] BVerfGE 82, 60 (83 f.); BVerfGE 84, 239 (268 f.); BVerfGE 99, 216 (232); BVerfGE 105, 73 (126 f.); BVerfGE 110, 412 (433); BVerfGE 116, 164 (180); BVerfGE 152, 274 (313); BVerfG v. 26.3.2025 – 2 BvR 1505/20 Rn. 129, 131 f. (zu Art. 14 GG), Rn. 158 (zu Art. 3 GG).

könnte, sondern ist eine Ausprägung des „Grundsatzes der Steuergerechtigkeit“, der gebietet, die Besteuerung an der wirtschaftlichen Leistungsfähigkeit auszurichten, dabei auf eine Verdeutlichung und Ausgestaltung durch den Gesetzgeber angewiesen ist.[21] Diese Rechtfertigungsbedürftigkeit jeder Steuerart wird durch die Anerkennung der traditionellen Steuerarten in Art. 106 GG[22] inhaltlich strukturiert, aber nicht erübrigt. Eine verfassungsrechtlich anerkannte Steuerart garantiert noch nicht eine Verhältnismäßigkeit jeder in einem Steuergesetz enthaltenen Eingriffsermächtigung und jedes daraufhin ergangenen Steuerbescheides. Zudem bedürfte eine neue Steuerart einer eigenständigen Rechtfertigung, wenn und soweit Art. 106 GG durch Verfassungsänderung um eine Steuerart erweitert würde.

Eine Einzelsteuer rechtfertigt sich nicht schon dadurch, dass sie dem Staat Ertrag bringt, sondern erst, **wenn der individuell-konkret** von der Ermächtigungsgrundlage und deren Vollzug betroffene Belastungsgrund **diese Belastung verfassungsrechtlich rechtfertigt.**[23] Die Einkommensteuer rechtfertigt sich, weil jeder, der die von der Rechtsgemeinschaft bereitgestellten Erwerbsgrundlagen erfolgreich genutzt hat, dafür auch die Rechtsgemeinschaft an diesem Erwerb steuerlich teilhaben lassen muss. Wer Einkommen erzielt, nutzt die inländischen Voraussetzungen privatwirtschaftlichen Erwerbs. Er stellt seinen Gewerbebetrieb in ein Friedensgebiet, nutzt die dort garantierte und durchsetzbare Vertragsfreiheit, beansprucht das Banken- und Kreditsystem, stellt die gut ausgebildeten Arbeitskräfte ein, begegnet Kunden, die mit Kredit und Internet umgehen können, lebt und erwirbt in einem gediegenen Verfassungssystem, einer Zugehörigkeit zum europäischen Binnenmarkt und einer Weltoffenheit.

Die Umsatzsteuer belastet die in der Kaufkraft vermutete Leistungsfähigkeit, die der Konsument in dem inländischen Warenangebot, der Offenheit des Marktes, der Werbung, dem Internet und der Kaufkraft einer gediegenen Währung genutzt hat und deshalb zur Erhaltung dieses Wirtschaftssystems steuerlich beitragen soll. Deutschland bietet in seiner 40-jährigen

---

[21] BVerfGE 160, 41 (65); BVerfGE 168, 1 (50); BVerfG v. 26.3.2025 – 2 BvR 1505/20 Rn. 129.

[22] BVerfGE aaO.

[23] Dazu und zum folgenden *P. Kirchhof*, in: Kirchhof/Seer, EStG Kommentar, 24. Aufl., 2025, Einführung Rn. 6 f.

Geschichte eines geteilten Staates mit Marktwirtschaft und Staatswirtschaft besondere historische Erfahrungen, die den Wert des Wirtschaftssystems für die Konsumfreiheit bewusst machen.

Die Erbschaftssteuer rechtfertigt sich, weil der Erbe oder Beschenkte „anstrengungslos“ einen Vermögenszuwachs erfährt, das Grundgesetz (Art. 14 Abs. 1 Satz 1, 2. Alt.) dieses Erbrecht gewährleistet und die Friedlichkeit des Rechtsstaates dem Erben die unbeschwerte Nutzung dieses Erwerbs garantiert.

Der deutsche Steuerstaat **beansprucht die Teilhabe am individuellen Erwerbserfolg** in einem privatwirtschaftlichen System der Güterverteilung, das auf die individuelle Freiheit des Erwerbs, des Unternehmens, des Konsums, des Vererbens und Erbens setzt, als Preis dieser Freiheit aber die Steuer zur allgemeinen Bedingung grundrechtlicher Freiheits- und Gleichheitsgewährleistungen macht.

V. Exemplarisch: Die Einkommensteuer

Die Rechtsprechung des Bundesverfassungsgerichts hat vor allem in seinen Entscheidungen zur Einkommensteuer das grundrechtliche Verhältnismäßigkeitsprinzip am Maßstab der Art. 3 und 14 GG zur Wirkung gebracht[24] und die **steuerliche Bestimmung von Inhalt- und Schranken des Eigentums als Preis der Freiheit** strukturell vertieft.[25] Die Eigentumsgarantie sichert einen „Freiraum im vermögensrechtlichen Bereich“, ermöglicht dem Eigentümer mit der Privatnützigkeit und der grundsätzlichen Verfügungsbefugnis über das Eigentumsobjekt eine eigenverantwortliche Gestaltung seines Lebens.[26] Bei vermögenswerten Rechtspositionen ist der Eigentumsschutz umso stärker, je mehr dem Anspruch eine eigene Leistung des Eigentümers zu Grunde liegt.[27]

---

[24] BVerfGE 164, 76 (111); BVerfGE 164, 139 (170 f.); BVerfGE 162, 325 (345); BVerfGE 93, 121 (137); BVerfGE 115, 97 (110 f.).

[25] BVerfGE 19, 119 (129); BVerfGE 87, 153 (160); BVerfGE 93, 121 (137); BVerfGE 105, 17 (30); BVerfGE 115, 97 (115); BVerfGE 162, 325 (345).

[26] BVerfGE 100, 1 (32 f.); vgl. auch BVerfGE 143, 246 (330).

[27] BVerfGE aaO.; BVerfGE 164, 347 (413); BVerfGE 164, 76 (115 f.); BVerfGE 164, 139 (175).

1. Übermaß

Art. 14 Abs. 1 GG schützt nur **Rechtspositionen, die einem Rechtssubjekt bereits zustehen.**[28] Die Einkommensteuer belastet den Erwerbserfolg, den Gewinn oder Überschuss, der nach dem Realisationsprinzip und dem Zuflussprinzip bereits rechtlich dem Empfänger zugeordnet ist. Die neuere Rechtsprechung zu den rückwirkenden Steuergesetzen schützt die „konkret verfestigte Vermögensposition"[29], den aus dem bisherigen Recht „erwachsenen konkreten Vermögensbestand"[30]. Für diese erworbene Rechtsposition gilt das Rückwirkungsverbot. Beansprucht der Steuerpflichtige hingegen Freiheit im Rahmen einer sich entwickelnden Rechtsordnung, gilt das Gebot des schonenden Übergangs.[31]

Die Einkommensteuer ist als Teilhabe am privatnützig erworbenen Einkommenserfolg nicht geeignet, wenn sie die Mindestprivatnützigkeit eines Einkommens, **das private Existenzminimum** für sämtliche Familienmitglieder, nicht schützt, nicht steuerlich verschont. Das Einkommen wird zunächst zur eigenen Existenzsicherung erworben, muss diese Funktion weiterhin erfüllen können.[32] Das Bundesverfassungsgericht vermeidet, das nicht in Art. 1 GG und Art. 6 GG angelegte **objektive Nettoprinzip** (Abzug der Erwerbsausgaben) als verfassungsgeboten zu qualifizieren. Es ist Teil der verhältnismäßigen Zumessung der Einkommensteuerlasten im Zusammenwirken von Bemessungsgrundlage und Steuertarif.

Bei Steuern, die – wie die Einkommen- und die Körperschaftsteuer – an der **Leistungsfähigkeit** des Steuerpflichtigen ausgerichtet sind, darf und muss der Steuergesetzgeber bei der steuerlichen Bestimmung von Inhalt und Schranken „soziale Gesichtspunkte berücksichtigen".[33] Auch bei einer an die Einkommensteuer angelehnten Ergänzungsabgabe, die im Ergebnis

---

28 BVerfGE 164, 139 (171).

29 BVerfGE 127, 1 (21)

30 BVerfGE 127, 31 (59); siehe auch ebd., S. 47: „auf geltendem Recht gegründete Rechtsposition".

31 BVerfGE 105, 17 (46); zu den Kontinuitätserwartungen in „echter" und „unechter" Rückwirkung vgl. BVerfGE 164, 76 (128); BVerfGE 165, 103 (136 f.); vgl. auch BVerfGE 97, 67 (83 f.).

32 BVerfGE 152, 274 (315); vgl. auch BVerfGE 161, 163 (256 ff.).

33 BVerfG v. 26.3.2025 – 2 BvR 1505/20 Rn. 80 m.N., st. Rspr.

die Einkommensteuer verschärft, kann die Steuererhebung mit einer sozialen Staffelung versehen werden, um dadurch der Verteilung der zuständigen Steuerlast nach der Leistungsfähigkeit im besonderen Maße Rechnung zu tragen.[34]

Die Intensität der einkommensteuerlichen Belastung wird nicht allein durch die Höhe des Steuersatzes, sondern erst durch das **Zusammenwirken von Bemessungsgrundlage und Steuersatz** bestimmt. Die steuerliche Gesamtbelastung hat „bei typisierender Betrachtung von Einnahmen, abziehbaren Aufwendungen und sonstigen Entlastungen" ein angemessenes Verhältnis zwischen privater und öffentlicher Hand – dort „in der Nähe einer hälftigen Teilung" – zu wahren und „dabei insgesamt auch Belastungsergebnisse zu vermeiden, die einer gleichheitsrechtlich gebotenen Lastenverteilung nach Maßgabe finanzieller Leistungsfähigkeit zuwiderlaufen".[35] Der Gesetzgeber beachtet die Belastungsobergrenze „im Zusammenwirken von Abzugstatbeständen und Steuersätzen."[36] Er hat zu berücksichtigen, „dass die zu bewertende Intensität der Steuerbelastung insbesondere bei der Einkommensteuer nicht allein durch die Höhe des Steuersatzes bestimmt wird, sondern erst durch die Relation zwischen Steuersatz und Bemessungsgrundlage".[37] Bei hohen Einkommen muss „ein hohes, frei verfügbares Einkommen" verbleiben, „das die Privatnützigkeit des Einkommens sichtbar macht".[38] Die steuerliche Belastung auch höherer Einkommen darf für den Regelfall nicht so weit gehen, das der wirtschaftliche Erfolg grundlegend beeinträchtigt wird, die Privatnützigkeit damit nicht mehr angemessen zum Ausdruck kommt.[39] Die Entscheidung des Gerichts, für das in Zahlen konkretisierende Einkommensteuerrecht die Obergrenze „in der Nähe" einer hälftigen Teilung – nicht als „Halbteilungsgrundsatz" – annähernd quantifizierend anzudeuten, hat der Senat später aufgegeben.[40]

---

34 BVerfGE aaO.

35 BVerfGE 93, 121 (138).

36 BVerfG aaO.

37 BVerfGE 115, 97 (116); vgl. auch BVerfG v. 26.3.2025 – 2 BvR 1505/20 Rn. 48.

38 BVerfG v. 26.3.2025 – 2 BvR 1505/20 Rn. 149; BVerfGE 115, 97 (117).

39 BVerfGE aaO.

40 BVerfGE 115, 97.

Die soziale Gerechtigkeit, die bei der Verschonung des Existenzminimums in Art. 1 Abs. 1 GG wurzelt, **gilt nur für den Menschen, nicht für Körperschaften**. Diese haben keine Privatsphäre, können deshalb kein Existenzminimum beanspruchen, auch im Tarifverlauf soziale Gesichtspunkte nicht geltend machen.[41]

Die Einkommensteuer begründet ein **Dauerschuldverhältnis**, das als periodisch wiederkehrende Belastung gegenwärtiger Einkommen den Staat mit Finanzmitteln für das jeweilige Haushaltsjahr ausstattet.[42] Der Gegenwartsbezug der Einkommensteuer ist ein Rechtfertigungsgrund für diese Steuer, ein materielles Entstehensprinzip, das durch Vorauszahlungen, den Lohnsteuereinbehalt und sonstigen Quellenabzug gegenwartsnah vollzogen wird. Er ist Veranlagungsprinzip, Zurechnungsprinzip für die Einkünfte, Bedarfsperiode für die existenzsichernden Aufwendungen, Bezugsgröße für einen progressiven Tarif, Stichjahr für das anzuwendende EStG. Das EStG ermittelt das Jahresergebnis allerdings in einer längerfristigen, periodenübergreifenden Perspektive – in der dauernden Erwerbsgrundlage, den Verlusten, Abschreibungen, stillen Reserven, außerordentlichen Einkünften. Diese Periodizität der Einkommensteuer wird kaum durch gegenwartsnahe bestandskräftige Bescheide, auch nicht durch Verjährung gewährleistet. Die Verhältnismäßigkeit in der Zeit wird zu einem rechtspolitischen und verfassungsrechtlichen Auftrag der Gegenwart.

2. Gleichmaß

Die Freiheitsrechte mäßigen die Intensität der Steuerlast, der Gleichheitssatz verteilt die Steuerlasten angemessen auf alle Schultern der Tragfähigen. Insoweit unterscheiden sich Freiheit und Gleichheit in Ziel und Maßstab grundlegend. Freiheit schützt vor Übermaß, Gleichheit schafft Verteilungsgerechtigkeit. Freiheit hält die Last des Einzelnen im Rahmen des Zumutbaren. Gleichheit vergleicht Personengruppen mit Blick auf die Rechtsfolge der Zahlungs- und Mitwirkungspflicht. In der praktischen Anwendung durch Verhältnismäßigkeitsformeln werden beide Maßstäbe allerdings einander angenähert.

---

[41] BVerfG v. 26.3.2025 – 2 BvR 1505/20 Rn. 175.

[42] BVerfGE 87, 153 (178 f.); BVerfGE 96, 1 (7); BVerfGE 167, 86 (140 f.).

Gleichheit unterscheidet das wesentlich Gleiche vom wesentlich Ungleichen zur Verteilung von Lasten auf Gruppen von Steuerpflichtigen, prüft in dieser Perspektive einen **stufenlosen, am Grundsatz der Verhältnismäßigkeit orientierten Prüfungsmaßstab**, der vom bloßen Willkürverbot bis zu einer strengen Bindung an Verhältnismäßigkeitserfordernisse reicht. Differenzierungen bedürfen stets der Rechtfertigung durch Sachgründe, die dem Differenzierungsziel und dem Ausmaß der Ungleichbehandlung angemessen sind.[43]

Dabei stellt das Bundesverfassungsgericht meist fest, ob Art. 3 Abs. 1 GG „**verletzt ist**", belässt damit dem Gesetzgeber einen weitgehenden Einschätzungs-, Beurteilungs-, Bewertungs- und Prognoseraum und anerkennt die Freiheit des Einzelnen zur Unterscheidung als Regelfall.

Die Prüfung der Einkommensteuer am Maßstab des Art. 3 GG verdeutlicht die Gleichheit an der gesetzlich zu konkretisierenden Leistungsfähigkeit, der Folgerichtigkeit gegenüber dem System des EStG, der Realitätsgerechtigkeit insbesondere in der Erfassung des erwerbssichernden und existenzsichernden Aufwandes, in der Bewertung der Wirtschaftsgüter, der horizontalen und vertikalen Gleichheit, in der Progression und den Besonderheiten des Quellenabzugsverfahrens bei der Lohnsteuer und der Kapitalertragsteuer.

Eine strengere Bindung des Gesetzgebers ergibt sich insbesondere, wenn sich die Ungleichbehandlung von Personen oder Sachverhalten auf die Ausübung grundrechtlich geschützter Freiheiten auswirken, an Merkmale anknüpft, die für den Einzelnen nicht verfügbar sind (Art. 3 Abs. 3 GG), oder die Differenzierung einem speziellen Angleichungsauftrag (Art. 3 Abs. 2, Art. 6 Abs. 5, Art. 33 Abs. 1 u. 3 GG) widerspricht.

In dieser Bindungsintensität scheint sich ein **Prinzip der Spezialität** anzudeuten. Die Ausübung grundrechtlich geschützter Freiheiten wird an den Freiheitsrechten gemessen, rechtfertigt insoweit Differenzierungen, die in der Regel für eine Gleichheitsprüfung kaum Raum lassen. Merkmale, die für den Einzelnen nicht verfügbar sind, werden an diesem speziellen Gleichheitssatz gemessen. Angleichungsaufträge sind ebenfalls spezielle Gleichheitssätze, die dem allgemeinen Gleichheitssatz vorgehen.

---

[43] Dazu und zum Folgenden BVerfGE 160, 41 (63 f.); BVerfGE 164, 139 (183 ff.); BVerfGE 168, 1 (48 f.); BVerfG v. 26.3.2025 – 2 BvR 1505/20 Rn. 154 ff.

Bei der Steuerlenkung durch Abzug von der einkommensteuerlichen Bemessungsgrundlage stehen Gesetzgeber und Gerichtsbarkeit vor der großen Aufgabe, die in diesem Lenkungstatbestand angelegte umgekehrte Progression – der Großverdiener spart 45 Cent pro eingesetzten Euro, der Mittelverdiener 25 Cent, der Kleinverdiener 0 Cent – als Verfassungsproblem zu thematisieren und zu lösen.

Das Steuerverfassungsrecht ist im GG zunächst bundesstaatlich und haushaltsrechtlich angelegt, hat inzwischen aber unter Geltung der Grundrechte **im Verhältnismäßigkeitsprinzip ein materielles Fundament gewonnen**, das als Ausdruck der Freiheitsrechte ein Übermaß abwehrt, als Konkretisierung der Gleichheit Lasten gerecht verteilt. Die Steuern befähigen den Staat zu Aufgaben und Ausgaben, begegnen dem Staat dabei in einem Bereich parlamentarischer Gestaltungsmacht und Gestaltungsverantwortung. Diese Primärverantwortung des Parlaments bei der steuerlichen Bestimmung von Inhalt und Schranken der Freiheitsrechte ist Inhalt der grundrechtlichen Gewährleistungen und wird von der Verfassungsrechtsprechung beachtet. Doch die Garantie gerichtlich durchsetzbarer Grundrechte verbietet es, die Steuergesetzgebung der Kontrolle durch das Bundesverfassungsgericht zu entziehen.[44]

[44] BVerfGE 93, 121 (142 ff.); BVerfGE 115, 97 (117); BVerfG v. 26.3.2025 – 2 BvR 1505/20 Rn. 197.

§ 2 Schuldenbremse – Quo vadis?

Hanno Kube

Obwohl die Steuereinnahmen in Deutschland so hoch sind wie noch nie und sich innerhalb der letzten 15 Jahre nahezu verdoppelt haben – von 530 Mrd. Euro im Jahr 2010 auf 950 Mrd. Euro im Jahr 2024 –, kann der staatliche Finanzbedarf durch diese Steuereinnahmen bei weitem nicht gedeckt werden. Denn das Ausgabenvolumen des Staates hat sich ebenfalls massiv ausgedehnt. So hat sich auch der Umfang des Bundeshaushalts verdoppelt, dies allerdings innerhalb der letzten 10 Jahre. Wesentliche Faktoren für diese sehr starke Ausgabenexpansion sind die Krisen der letzten Jahre (Covid-19-Pandemie; Energiekrise – wir bewegen uns weiterhin auf dem Niveau der umfangreichen Krisenhaushalte), die Entwicklung unseres Sozialstaats und nunmehr auch die zuvor unterlassenen Ersatz- und Neuinvestitionen in die öffentlichen Einrichtungen und Infrastrukturen. Zugleich müssen fundamentale Herausforderungen und Transformationsprozesse bewältigt werden. Zu nennen sind die geopolitische Lage, der Klimawandel, die Demographie, die Neuausrichtung der deutschen Wirtschaft und die Digitalisierung von Staat und Gesellschaft.

Im Angesicht all dessen wurde die staatliche Verschuldung in den letzten Jahren und bis in die jüngste Zeit in geradezu atemberaubender Weise ausgeweitet. Wirkung, Zweck und Zukunft der verfassungsrechtlichen Schuldenregel sind deshalb in aller Munde. Seit September 2025 arbeitet eine von der Bundesregierung eingesetzte Expertenkommission an der Reform der Schuldenregel.[1]

Im Folgenden sollen fünf Punkte zu diesem Themenkomplex skizziert werden. An erster Stelle ist kurz das Regelungsregime der verfassungsrechtlichen Schuldenbremse in Erinnerung zu rufen, das 2009 beschlossen worden war. Zweitens soll die Praxis der Staatsverschuldung in den Kri-

---

1 Der Verfasser ist Mitglied dieser Kommission.

senjahren seit 2020 bis zum Showdown der Bundesregierung im November 2024 nachgezeichnet werden. Drittens wird auf die Verfassungsänderungen von März 2025 eingegangen. Viertens sollen die Aspekte vorgestellt werden, die im Mittelpunkt der aktuellen Reformdiskussion stehen. Fünftens wird das Thema der Staatsverschuldung schließlich in den größeren Zusammenhang der Steuerstaatlichkeit gestellt.

I. Regelungsregime der verfassungsrechtlichen Schuldenbremse 2009

Die verfassungsrechtliche Schuldenregel, die 2009 ins Grundgesetz gelangte, war eine Reaktion auf das Scheitern der grundgesetzlichen Verschuldungsbegrenzung, die zuvor gegolten hatte. Seit der Haushaltsrechtsreform 1967/69 durfte der Bund neue Kredite in Höhe der geplanten Ausgaben für Investitionen aufnehmen. Bei einer Störung des gesamtwirtschaftlichen Gleichgewichts konnte er sich noch darüber hinausgehend verschulden. Nachdem immer deutlicher geworden war, dass diese Regelung einen stetigen Anstieg der Staatsverschuldung nicht verhindern konnte, dass die sogenannte goldene Investitionsregel also nicht funktionierte, wurde die verfassungsrechtliche Schuldenregel im Jahr 2009 – schon damals auf Grundlage der Arbeit einer Kommission – neu gefasst, dies auch in Ansehung der Regelungen des Europäischen Stabilitäts- und Wachstumspakts.

Für den Bund wurde die neue Schuldenbremse 2016 vollständig wirksam, für die Länder, die insoweit erstmals durch das Grundgesetz gebunden wurden, 2020. Dieser zeitliche Verzug dürfte die Zustimmung aller Beteiligten zum neuen Regime erheblich gefördert haben.

Ausgangspunkt ist seither der Grundsatz des materiellen Haushaltsausgleichs, also das prinzipielle Verbot der Nettoneuverschuldung von Bund und Ländern. Die Kommunen sind hiervon nicht erfasst.

In Abweichung davon darf sich der Bund – und nach der Regelung 2009 nur der Bund – im Umfang von bis zu 0,35 Prozent des Bruttoinlandsprodukts pro Jahr strukturell nettoneuverschulden, das sind derzeit rund 14 Mrd. Euro pro Jahr.

Hinzu kommt – sowohl für den Bund als auch für die Länder – die sogenannte Konjunkturkomponente. Diese Komponente erweitert die Verschuldungsmöglichkeiten, wenn eine anormale konjunkturelle Schwäche vorliegt, und sie verengt die Verschuldungsmöglichkeiten, wenn sich die Konjunktur besonders gut entwickelt. Dieses Konjunkturbereinigungsverfahren, das sich an das EU-Regime des Stabilitäts- und Wachstumspakts anlehnt, hat Bund und Ländern in den letzten Jahren ganz erhebliche Verschuldungsspielräume eröffnet; auf Bundesebene deutlich über den Umfang der zulässigen strukturellen Nettoneuverschuldung hinaus.

Und schließlich, drittens, sieht die verfassungsrechtliche Schuldenbremse die Möglichkeit einer ausnahmsweise zulässigen notlagenbedingten Verschuldung vor. So können Bund und Länder die regulären Kreditobergrenzen überschreiten, wenn eine Naturkatastrophe oder eine andere außergewöhnliche Notsituation vorliegt, die sich der Kontrolle des Staates entzieht und die staatliche Finanzlage erheblich beeinträchtigt. Die aufgenommenen Notlagenkredite sind – anders als andere Kredite – innerhalb eines angemessenen Zeitraums zu tilgen.

II. Staatsverschuldung in den Krisenjahren seit 2020 – Der Weg bis zum Showdown der Bundesregierung im November 2024

Nachdem sich die verfassungsrechtliche Schuldenbremse bis 2019 in einem Dornröschenschlaf befunden hatte – es waren staatsschuldenrechtlich sehr gute Jahre gewesen –, änderte sich die Situation Anfang 2020 dramatisch. Zur Bewältigung der COVID-19-Pandemie wurden 2020 und 2021 sehr hohe Notlagenkredite aufgenommen, jeweils in dreistelliger Milliardenhöhe allein auf Bundesebene. Noch dazu wurde der Wirtschaftsstabilisierungsfonds kreditfinanziert aufgestockt.

Kaum war die COVID-19-Pandemie am Abklingen, schloss sich seit Anfang 2022 die Energie- und Inflationskrise infolge des russischen Angriffskriegs gegen die Ukraine an. Wieder war der staatliche Mittelbedarf zur Unterstützung der Bürger und der Wirtschaft sehr hoch. Erneut nahm der Bund ganz erhebliche Notlagenkredite auf. Der Wirtschaftsstabilisierungsfonds wurde wiederum ausgedehnt. In den Bundesländern ereignete sich

Entsprechendes. Noch ergänzend wurde das Bundeswehr-Sondervermögen auf Verfassungsebene eingerichtet und mit eigenen Kreditermächtigungen ausgestattet.

All dies zeigt, dass die grundgesetzliche Schuldenregel, die 2009 ausgestaltet worden war, in Notlagen sehr flexibel ist und erhebliche Verschuldungsspielräume eröffnen kann. Dass die Schuldenregel aber dennoch greift und auch justiziabel ist, belegte dann das Urteil des Bundesverfassungsgerichts vom 15. November 2023. Durch dieses Urteil wurde das Zweite Nachtragshaushaltsgesetz 2021 für nichtig erklärt. Nach diesem Gesetz sollten Notlagen-Kreditermächtigungen im Umfang von 60 Mrd. Euro, die 2021 nicht gebraucht worden waren, rückwirkend in den Klima- und Transformationsfonds (KTF) verlagert werden. Das Gericht bemängelte erstens die Zweckentfremdung der Notlagenmittel, zweitens den Versuch, derartige Mittel überjährig in einem Sondervermögen zu „parken", und drittens die rückwirkende Gestaltung.

Das Urteil wirkte wie ein Schock. Die schon eingeplanten KTF-Mittel standen mit einem Mal nicht mehr zur Verfügung. Auch andere Sondervermögen, die mit Notlagenkreditmitteln befüllt worden waren, mussten nachjustiert werden, an erster Stelle der Wirtschaftsstabilisierungsfonds. Das ganze Jahr 2024 gestaltete sich sodann als Kampf um den Haushaltsausgleich und rieb die Protagonisten der Ampel-Koalition massiv auf. Zur Finanzierung der Autobahn GmbH und der Deutschen Bahn AG wurden finanzielle Transaktionen geplant, die verfassungsrechtlich problematisch waren. Erneut sollten ungenutzte Notlagenkreditmittel, konkret der Bundesanstalt für Arbeit, in andere Haushaltsbereiche verlagert werden. Zudem wurde mit einer globalen Minderausgabe in zweifelhafter Höhe geplant. Letztlich scheiterte die Ampel an Haushaltsthemen; Haushaltsthemen, die die Politik spätestens seit dem Urteil des Bundesverfassungsgerichts bestimmt hatten. Der Showdown der Bundesregierung Anfang November 2024 machte sich dementsprechend daran fest, dass Bundesfinanzminister Lindner den Weg zu einer neuen Notlagenerklärung zur Ermöglichung noch weitergehender Kreditfinanzierungen nicht mitgehen wollte.

III. Die Verfassungsänderungen im März 2025 – Faktische Entgrenzung der Schuldenregel

Im Februar 2025 fand dann die vorgezogene Bundestagswahl statt. Und es war wohl gerade auch die Erinnerung an den Grund für das Scheitern der alten Bundesregierung, die die voraussichtlichen Beteiligten der neuen Regierung unter ergänzender Mitwirkung der Grünen veranlasste, die Kreditaufnahmemöglichkeiten des Staates verfassungsrechtlich auf deutlich breitere Grundlage zu stellen. Im Ausgangspunkt des Prozesses stand ein kurzes Papier von vier Ökonomen, die ein weiteres verfassungsrechtlich auszugestaltendes Sondervermögen zur Kreditfinanzierung der Verteidigung und ein komplementäres Sondervermögen zur Finanzierung zusätzlicher Investitionen vorschlugen. Zur Sicherung der erforderlichen verfassungsändernden Mehrheiten wurde der politische Diskurs zeitlich forciert. Noch im alten Bundestag wurden die Verfassungsänderungen im März 2025 beschlossen; ein Verfahren, das das Bundesverfassungsgericht zu Recht als verfassungsgemäß beurteilte.

In der Sache wurde die verfassungsrechtliche Schuldenregel um eine Vorschrift ergänzt, die es nun auch den Bundesländern erlaubt, sich – ebenso wie der Bund – im Umfang von insgesamt 0,35 Prozent des Bruttoinlandsprodukts pro Jahr strukturell neu zu verschulden. Für den Bereich der Verteidigung wurde eine in der Höhe unbegrenzte Bereichsausnahme geschaffen, anders als noch im Papier der Ökonomen vorgesehen, also kein Sondervermögen: Verteidigungsausgaben, die ein Prozent des Bruttoinlandsprodukts überschreiten, können nunmehr in beliebiger Höhe durch Kreditaufnahme finanziert werden. Schließlich wurde das Investitions-Sondervermögen mit einem Kreditvolumen von 500 Mrd. Euro über eine Laufzeit von 10 Jahren eingerichtet und im politischen Prozess um die Vorgabe ergänzt, dass 100 dieser 500 Mrd. Euro dem Klima- und Transformationsfonds zugeführt werden. Weitere 100 der 500 Mrd. Euro gehen unmittelbar an die Länder, die die Mittel nach eigenem Ermessen an ihre Kommunen weitergeben können. Die verfassungsrechtlich vorgegebene Zusätzlichkeit der Investitionen wird in der Umsetzungsgesetzgebung dahingehend konkretisiert, dass eine Investitionsquote im Bundeshaushalt von 10 Prozent überschritten werden muss.

Führt man sich die Verfassungsänderungen in ihrer Gänze vor Augen, muss wohl von einer faktischen Entgrenzung der verfassungsrechtlichen

Schuldenregel gesprochen werden. Die Bremswirkung ist weitgehend verlorengegangen. Hinzu kommt, dass die Bedingung der Zusätzlichkeit der aus dem Sondervermögen kreditfinanzierten Investitionen unterwandert zu werden scheint. Vielfach ist derzeit von einem „Verschiebebahnhof" im Verhältnis zwischen Kernhaushalt und Sondervermögen die Rede.

In der aktuellen Haushaltsplanung nutzt die Bundesregierung die neuen Verschuldungsspielräume sehr weitgehend aus. Der Bundeshaushalt 2025 sieht eine Nettoneuverschuldung des Bundes von insgesamt mehr als 140 Mrd. Euro vor. Für 2026 wird eine Nettoneuverschuldung von weiteren 174 Mrd. Euro geplant. Insgesamt soll die Verschuldung des Bundes nach den Eckwerten bis 2029 um 850 Mrd. Euro ansteigen. Dadurch wird der Schuldenberg des Bundes, der über Jahrzehnte auf 1,7 Bio. Euro angewachsen war, innerhalb von nur 5 Jahren um rund 50 Prozent höher. Die Zinslast des Bundes, die schon jetzt bei rund 30 Mrd. Euro pro Jahr liegt, soll nach der Planung der Bundesregierung auf über 60 Mrd. Euro im Jahr 2029 ansteigen.

IV. Themen der aktuellen Reformdiskussion

In dieser Lage hat im September 2025 die Expertenkommission der Bundesregierung zur Reform der Schuldenbremse ihre Arbeit aufgenommen.

Eine solche Kommission einzusetzen, hatten CDU/CSU und SPD im Koalitionsvertrag vereinbart. Das Mandat der Kommission besteht darin, konkrete Vorschläge für Änderungen der Schuldenregel zu unterbreiten, die eine tragfähige Entwicklung der öffentlichen Finanzen sicherstellen und dauerhaft zusätzliche Investitionen zur Stärkung der deutschen Volkswirtschaft ermöglichen sollen. Zugleich sollen die Vorschläge die Abstimmung der Verfassungsregelung mit den Vorgaben des Europäischen Stabilitäts- und Wachstumspakts verbessern. Bei alldem soll auf die Transparenz und Einfachheit des Regelungsregimes geachtet werden.

Die Kommission hat inzwischen mehrfach getagt und Arbeitsgruppen gebildet. Das Spektrum der zu behandelnden Einzelthemen ist breit. Im Mittelpunkt steht die Frage, wie zwischen den im Mandat zum Ausdruck kommenden großen Zielsetzungen – der Sicherstellung der Schuldentragfähigkeit einerseits und der Ermöglichung von Investitionen andererseits – vermittelt werden kann. Tragfähigkeit ist unabdingbar. Aber öffentliche Investitionen können künftiges Wachstum zumindest potentiell fördern und dadurch die Schuldentragfähigkeit erhöhen. Im Europäischen Stabilitäts- und Wachstumspakt sind in Gestalt der Defizitgrenze von 3 Prozent und der Schuldenstandsgrenze von 60 Prozent des Bruttoinlandsprodukts EU-rechtlich verbindliche Tragfähigkeitsgrenzen vorgegeben. Die verfassungsrechtliche Schuldenbremse aktueller Fassung nimmt das Defizitkriterium auf und begrenzt die strukturelle Nettoneuverschuldung von Bund und Ländern nach diesem Kriterium. Denkbar wären eine Anpassung der verfassungsrechtlichen Defizitgrenze oder eine Anknüpfung an die Schuldenstandsquote mit gleitenden Verschuldungsspielräumen je nach Höhe der Quote, also eine Verbindung von Defizitgrenze und Schuldenstandsgrenze. Daneben wird die Rückkehr zur „goldenen Regel" propagiert, nach der sich der Staat in dem Umfang soll strukturell nettoneuverschulden dürfen, in dem er investiert. Hier stellt sich die grundsätzliche Frage, ob die auf künftige Investitionserträge bauende Rechnung im Fall staatlicher Investitionen so konkret aufgehen kann, wie es beim Unternehmer der Fall ist, der einen Bankkredit aufnimmt, um eine Fabrik zu errichten, Gewinne zu erzielen und den Kredit damit zurückzuführen. Die alte Schuldenregel von 1967/69, bei der Sachinvestitionen im Mittelpunkt standen (Investitionen „in Beton"), ist jedenfalls gescheitert. Wenn man nun auch in Bildung, „in Köpfe" investieren möchte, ist das einerseits sinnvoll. Andererseits stellt sich dann aber umso mehr die Frage nach der Begrenzungsfunktion, die ein derart zugeschnittener Investitionstatbestand noch haben kann. Wichtig ist in diesem Zusammenhang auch die in der alten Regel vernachlässigte Unterscheidung zwischen Brutto- und Nettoinvestitionen. Denn nur Nettoinvestitionen sollten durch eine neue Kreditaufnahme finanziert werden. Wollte man in dieser Weise differenzieren, müsste man die öffentlichen Vermögenswerte allerdings bilanzieren und über die Zeit abschreiben, was bislang nicht der Fall und auch schwierig ist.

Darüber hinaus erscheint es prüfungsbedürftig, ob – anders als gegenwärtig – auch die Finanzschulden der Kommunen, der Sozialversicherungsträger und in Grenzen auch öffentlicher Unternehmen im Rahmen der verfassungsrechtlichen Schuldenbremse berücksichtigt werden sollten, wie es – mit Differenzierungen – beim Europäischen Stabilitäts- und Wachstumspakt der Fall ist. Auch eine Zurechnung der Schulden anderer Rechtsträger als Schulden des Bundes und der Länder selbst ist denkbar, wenn Bund und Länder den Schuldendienst übernehmen, so etwa für eine staatliche AG oder GmbH; zumal dann, wenn diese keine eigenen Einnahmen haben. Auch die Schulden der Europäischen Union und im Rahmen des

NGEU-Programms, für die die Mitgliedstaaten über das Eigenmittelsystem einstehen, kommen insoweit in Betracht.

Finanzielle Transaktionen, also Vermögensumschichtungen, bleiben im Rahmen der verfassungsrechtlichen Schuldenbremse aktueller Fassung ebenfalls unberücksichtigt. Auch diesbezüglich ist eine Nachschärfung vorstellbar, die zu einer stärkeren Annäherung an das Europäische System Volkswirtschaftlicher Gesamtrechnungen (ESVG) führt und auch für mehr Rechtssicherheit sorgt.

Das Konjunkturbereinigungsverfahren, das für die konjunkturelle Verschuldungskomponente maßgeblich ist, ist erst kürzlich überarbeitet worden, um volkswirtschaftliche Produktionslücken und deren Auswirkung auf das staatliche Budget besser als zuvor abschätzen zu können. Hier sind weitere Verfahrensjustierungen denkbar, die sich aber immer an der wirtschaftlichen Realität orientieren müssen. Normative Wunschvorstellungen über eine künftige höhere Auslastung der Wirtschaft, durch die sich gegenwärtige Produktionslücken und damit Kreditspielräume herbeidefinieren lassen, dürfen nicht leitend werden. Immer muss sich die Konjunkturkomponente nach der Wirklichkeit richten, auch um das Ziel einer symmetrischen Anwendung dieser Komponente über die Zeit nicht von vornherein zu verfehlen. Nach dem Grundsatz des Gesetzesvorbehalts könnte es sich anbieten, die zentralen Elemente des Konjunkturbereinigungsverfahrens in das parlamentarische Ausführungsgesetz zu Art. 115 GG aufzunehmen.

Die Verfassungsdogmatik der Notlagenkreditaufnahme ist durch das Urteil des Bundesverfassungsgerichts zum Zweiten Nachtragshaushaltsgesetz 2021 ausbuchstabiert worden. Die danach strenge Geltung der Haushaltsgrundsätze der Jährlichkeit und Jährigkeit für Notlagenkreditermächtigungen wird verschiedentlich kritisiert, weil die sächliche und auch finanzielle Bewältigung einer Großkrise eine mehrjährige Planung erfordern kann. Führt man sich beispielsweise den Bau, die Bewirtschaftung und schließlich die Abwicklung der Impfzentren in der COVID-19-Pandemie vor Augen, erscheint diese – verfassungspolitisch ausgerichtete – Kritik plausibel. Deshalb kommt es durchaus in Betracht, das Verfassungsrecht so zu modifizieren, dass bei Bedarf auch Notlagenkreditermächtigungen mit mehrjähriger Geltung ausgebracht werden können.

Auch die im März 2025 ergänzte Bereichsausnahme Verteidigung muss in den Blick genommen werden. Während in der Eckwerteplanung der Bundesregierung die sonstige strukturelle Nettoneuverschuldung des Bundes bis 2029 immer weiter zurückgeführt wird, ist gleichzeitig ein immer stärkerer Aufwuchs der Nettoneuverschuldung für Verteidigungsausgaben vorgesehen. Die gegenwärtige Bedrohungslage rechtfertigt massive Investitionen in die Bundeswehr, in Bündnisprojekte und auch in die Ukraine. Doch sollte es angestrebt werden, die Verteidigung als staatliche Kernaufgabe langfristig aus Steuermitteln zu finanzieren. Dies könnte es nahelegen, die gegenwärtige Schwelle von einem Prozent des Bruttoinlandsprodukts in der Regelung der Bereichsausnahme nach und nach zu erhöhen – freilich so, dass die Verteidigungsfähigkeit weiter gestärkt werden kann, ohne den Kernhaushalt zu überfordern. Angesichts der sehr hohen Beträge, um die es hier geht, ist das eine große Aufgabe.

Nur ganz kurz soll schließlich auf die Herausforderung eingegangen werden, die dadurch entstanden ist, dass der präventive Arm des Europäischen Stabilitäts- und Wachstumspakts im April 2024 grundlegend umgestaltet wurde. Maßgeblich sind hier nun die sogenannten Primärausgabenpfade der Mitgliedstaaten. Die Überwachung von Bund und Ländern durch den Stabilitätsrat und seinen unabhängigen Beirat muss darauf neu ausgerichtet werden. Das ist umso schwieriger, als sich dieses Element des europäischen Regelungsregimes nun erheblich vom Regime der verfassungsrechtlichen Schuldenbremse unterscheidet.

Soweit zu den Einzelthemen der aktuellen Reformdiskussion auf Bundesebene – die weitere Entwicklung bleibt abzuwarten.

V. Die Idee des Steuerstaates – Staatliche Teilhabe an erwirtschaftetem Gewinn

Tritt man einen Schritt zurück, kommt die Gesamtlage in den Blick. Die Zahlen zur Entwicklung der Staatsverschuldung in Deutschland, vor allem des Bundes, stimmen sehr nachdenklich. Die enorme implizite Verschuldung durch Pensionsverpflichtungen, unterlassene Instandhaltungen und andere Aufwendungen, für die ein bilanzierendes Unternehmen Rückstellungen bilden müsste, ist zusätzlich zu berücksichtigen.

Auch wenn die Schuldenstandsquote Deutschlands im internationalen Vergleich immer noch sehr gemäßigt wirkt, ist sie über die Jahrzehnte deutlich angestiegen. Durch die jüngsten Entwicklungen wird die Schuldenstandsquote Deutschlands von aktuell rund 60 Prozent auf voraussichtlich rund 80 Prozent des Bruttoinlandsprodukts im Jahr 2029 anwachsen. Deutschland ist dabei nicht nur für sich selbst verantwortlich, sondern zugleich Stabilitätsanker für Europa. Allerorten steigen die Anleihezinsen, teilweise erheblich. Das muss bei der Bewertung der Entwicklung mitberücksichtigt werden, nicht zuletzt unter den Gesichtspunkten, dass Deutschland Exportnation, aber auch darüber hinaus auf eine starke Europäische Union und solide aufgestellte Mitgliedstaaten angewiesen ist.

Im Jahr 2024 lag die Kreditfinanzierungsquote des Bundes noch bei 10 Prozent. Diese Quote bezeichnet das Verhältnis zwischen dem gesamten Haushaltsvolumen und dem Kreditaufnahmevolumen. Die Planung für 2026 sieht eine Kreditfinanzierungsquote von 29 Prozent vor (630 Mrd. Euro Gesamtausgaben des Bundes einschließlich der Ausgaben in den Sondervermögen, 174 Mrd. Euro an Kreditaufnahme zur Deckung dieser Ausgaben). 2026 wird also jeder dritte Euro, den der Bund in diesem Jahr ausgibt, kreditfinanziert sein. Das kann kurzfristig funktionieren, ist aber kein nachhaltiges Modell; vor allem dann, wenn die Kreditfinanzierung auch erhebliche Teile des laufenden Geschäfts betrifft wie aktuell zum Beispiel die Gehälter der Soldaten. Die Zinslast wird, wie schon angesprochen, von derzeit bereits 30 Mrd. Euro auf über 60 Mrd. Euro im Jahr 2029 ansteigen. Das ist ein substantieller Teil des Haushalts, der für Investitionen und andere sinnvolle Ausgaben nicht mehr zur Verfügung steht. Erhebliche Risiken erwachsen zudem aus der Veränderlichkeit der Refinanzierungszinsen, allgemeiner formuliert aus der Abhängigkeit des Staates von den internationalen Finanzmärkten. Das „süße Gift der Verschuldung“, wie es Theo Waigel einmal nannte, kann in einen Teufelskreis führen. Denn dass der Staat stets aus seinen Schulden „herauswächst“, kann gerade in heutiger Zeit für Deutschland nicht garantiert werden. Die Staatsinsolvenz ist keine ernsthaft zu erwägende Option. Und Inflation, die als vermeintliche Lösung erscheinen oder auch faktisch drohen kann, ist deshalb so gefährlich, weil sie die Bürger unmittelbar trifft und schnell in der Protestwahl extremistischer Parteien münden kann.

Um es auf den Punkt zu bringen: Verschuldung ist kein originäres Finanzierungsinstrument des Staates. Sie dient vielmehr dazu, finanzielle Lasten in die Zukunft zu verschieben. Das ist ihr Zweck, das ist ihre Funktion. In engen Grenzen kann diese Lastenverlagerung gerechtfertigt sein, so vor allem bei ganz bestimmten Zins- und Wachstumsrelationen. Im Grundsatz führt aber kein Weg daran vorbei, dass Geld erwirtschaftet werden muss. Deshalb ist die einzige originäre Finanzierungsquelle des freiheitlichen

Staates die Steuer. Die Idee des Steuerstaates ist es, den Staat am Erfolg des freiheitlichen Wirtschaftens der Bürger anteilig partizipieren zu lassen; einem Erfolg, der gerade auch darauf beruht, dass der Staat für den äußeren Frieden, die innere Sicherheit, die Infrastrukturen und die Sozialsysteme sorgt, ohne die dieser Erfolg nicht möglich wäre.

So kommt es an erster Stelle auf die Ermutigung zu privaten Investitionen an, die ohnehin 85 Prozent der gesamten Investitionstätigkeit ausmachen. Die vielbeschworenen öffentlichen Investitionen haben von vornherein nur einen Anteil von 15 Prozent am Gesamtvolumen. Wir brauchen eine starke, anpassungsfähige und zuversichtliche Privatwirtschaft, die die Steuererträge des Staates sichert. Vorrangige Aufgabe des Staates ist es deshalb, die regulativen Rahmenbedingungen zu schaffen, um Wirtschaftswachstum zu ermöglichen und zu fördern. Das sind zum einen die steuerlichen Rahmenbedingungen, zum anderen die Rahmenbedingungen des Wirtschaftsprivat- und Wirtschaftsverwaltungsrechts, des Planungs- und Vergaberechts. In all diesen Bereichen müssen wir dringend vereinfachen, typisieren und digitalisieren. Verwaltungsverfahren müssen viel schlanker werden. Der Staat muss neu lernen, die Freiheitsfähigkeit und die Eigenverantwortung der Menschen und der Wirtschaft zu respektieren und auch einzufordern. Staatliches Vertrauen und staatliche Zurückhaltung müssen an die Stelle paternalistischer Steuerung, wohlfahrtsstaatlicher Vollversorgung und Kontrolle treten.

Dies geht mit staatlicher Ausgabenkritik und Ausgabenpriorisierung einher. Wenn der Staat seine Ausgaben auf einem angemessenen Niveau hält, die Wirtschafts- und Sozialpolitik auf die Zukunft ausrichtet und seine Steuerquellen pflegt, wird der Verschuldungsdruck nachlassen. So ist die verfassungsrechtliche Schuldenbremse ein wichtiger Baustein, aber eben nur ein Baustein in einem Gesamtgefüge. Die Schuldenbremse muss ihre Bremswirkung wiedererlangen. Verantwortliche Politik kann sie aber nicht ersetzen.

§ 3 Die Verwendung der Restmittel im Restrukturierungsfonds

Andjela Milutinović

Im Restrukturierungsfonds befinden sich 2,3 Milliarden Euro, auf die nach aktueller Gesetzeslage kein Zugriff möglich ist. Zur Frage, wie diese Restmittel verwendet werden können – konkret, ob sie für eine Tilgung von Schulden des Finanzmarktstabilisierungsfonds (FMS) eingesetzt werden können –, ist im Jahr 2022 am Institut ein Gutachten entstanden.[1] Eine Übertragung der Mittel fand jedoch nicht statt.

Dieser Beitrag informiert über die Geschehnisse des letzten Jahres und gibt eine kurze Übersicht über ein paar zugrundeliegende finanzverfassungsrechtliche Fragen, welche detailliert im Gutachten von 2022 beantwortet wurden.

I. Hintergrund

In der Zeit von 2011 bis 2014 wurde eine Bankenabgabe nach den Bestimmungen des Restrukturierungsfondsgesetzes erhoben. Diese Mittel sollten als Reaktion auf die Bankenkrise verschiedene Zwecke verfolgen: die Bewirkung einer risikoadäquaten Unternehmungsführung bei Kreditinstituten, die Stabilisierung des Banken- und Finanzsektors und die Stärkung des Vertrauens in den Finanzsektor. Zunächst war vorgesehen, dass die Mittel im Bedarfsfall für Restrukturierungsmaßnahmen eingesetzt werden. Sodann ermöglichte der Gesetzgeber den Einsatz der Mittel zum Ausgleich

---

1 *A. Milutinović/E. Reimer*, Verfassungsrechtliche Möglichkeiten zur Verwendung der Bankenabgabe 2011 bis 2014, Rechtsgutachten erstattet im Auftrag des Bundesministeriums der Finanzen vom 28. März 2022: https://www.jura.uni-heidelberg.de/md/jura/news/fst/milutinovic-reimer__altmittel_restrukturierungsfonds_des_bundes__online-veroffentlichung_2022-08-11_.pdf (letzter Aufruf 10.10.2025).

des negativen Schlussergebnisses des Finanzmarktstabilisierungsfonds und nach der letzten Änderung des Restrukturierungsfondsgesetzes sollte schließlich auch eine Übertragung der Mittel auf den Single Resolution Fund und eine vorübergehende Übertragung der Mittel an die deutsche Kammer des Single Resolution Fund möglich sein.[2]

Diese Verwendungen sind mittlerweile obsolet geworden. An die Stelle der nationalen Bankenabgabe ist ein europäischer Mechanismus getreten. Die schon erhobenen Mittel können nun nicht mehr ihrem gesetzlich vorgesehenen Zweck zugewiesen werden.[3]

Damit sind 2,3 Milliarden Euro im Restrukturierungsfonds gespeichert. Es stellt sich die Frage, wie damit weiter verfahren werden kann.[4]

II. Entwicklungen der letzten Jahre

Eine neue Verwendungsmöglichkeit für die Restmittel sollte in der letzten Legislaturperiode geschaffen werden. Vorgesehen war die Übertragung der Restmittel aus dem Restrukturierungsfonds in den Finanzmarktstabilisierungsfonds zur Tilgung der Schulden, welche dem Bund aus der Finanzkrise erwachsen sind.[5]

Im Jahr 2024 wurde der Gesetzentwurf in den Finanzausschuss überwiesen.[6] Mit der Auflösung des Bundestags im darauffolgenden Jahr und der einhergehenden sachlichen Diskontinuität fand das Gesetzgebungsverfahren jedoch ein vorzeitiges Ende.

Im Zusammenhang mit diesem Gesetzgebungsvorhaben entstand das eingangs erwähnte Gutachten im Jahr 2022 zur Frage, wie mit Restmitteln aus Sonderabgaben verfahren werden kann mit konkretem Bezug auf eine Ver-

---

[2] Ebd., S. 3 f.

[3] Ebd., S. 5.

[4] Ebd., S. 5 ff.

[5] Gesetzesentwurf zum Restrukturierungsfonds-Übertragungsgesetz, Drucksache 20/13158 vom 02.10.2024.

[6] Wortprotokoll der 107. Sitzung des Finanzausschusses des Bundestags, Protokoll-Nr. 20/107.

wendung der Restmittel aus der Bankenabgabe für die Tilgung der Schulden im Finanzmarktstabilisierungsfonds.[7] Das Ergebnis war – stark vereinfacht –, dass weiterhin eine gruppennützige Verwendung gefunden werden muss und eine Übertragung auf den Finanzmarktstabilisierungsfonds zulässig wäre.[8]

III. Das Vorhaben der aktuellen Bundesregierung

Die aktuelle Bundesregierung hat bislang kein Gesetzgebungsverfahren eingeleitet, um den Restmitteln der Bankenabgabe eine neue Verwendung zukommen zu lassen. Jedoch wurde im Koalitionsvertrag festgehalten, welche neue Verwendung angestrebt werden soll.[9] Konkret wurde ausgeführt:

„Wir werden die sogenannten Altmittel aus der früheren Bankenabgabe in Höhe von zwei Milliarden Euro gemeinsam mit der deutschen Kreditwirtschaft in einen Mittelstand-Fonds einbringen, der gehebelt bis zu zehn Milliarden Euro Eigen- und Fremdkapital für die digitale und klimaneutrale Transformation großer deutscher Mittelständler mit begrenztem Zugang zum Kapitalmarkt bereitstellt."[10]

Diese Ausführungen sind sehr abstrakt und lassen nicht unmittelbar darauf schließen, was mit dem Mittelstands-Fonds konkret gemeint ist. Im

---

7 *A. Milutinović/E. Reimer*, Verfassungsrechtliche Möglichkeiten zur Verwendung der Bankenabgabe 2011 bis 2014, Rechtsgutachten erstattet im Auftrag des Bundesministeriums der Finanzen vom 28. März 2022: https://www.jura.uni-heidelberg.de/md/jura/news/fst/milutinovic-reimer__altmittel_restrukturierungsfonds_des_bundes__online-veroffentlichung_2022-08-11_.pdf (letzter Aufruf 10.10.2025).

8 Ebd., S. 23 ff., 27, 40 ff.

9 Es wird vermutet, dass das Vorhaben der aktuellen Regierung auf die Lobbyarbeit des Bankengewerbes zurückzuführen ist, so *S. Kempny*, Kurzgutachterliche Einschätzung zu der im Koalitionsvertrag für die 21. Wahlperiode des Deutschen Bundestages vorgesehenen Verwendung der Mittel aus der nationalen Bankenabgabe der Jahre 2011 bis 2014, vom 09.09.2025 im Auftrag von Bürgerbewegung Finanzwende e.V., S. 4: https://www.finanzwende.de/fileadmin/user_upload/Dokumente/Kempny__2025__Kurzgutachtliche_Einschaetzung_Mittelstand-Fonds.pdf (letzter Aufruf 10.10.2025).

10 Koalitionsvertrag zwischen CDU, CSU und SPD, 21. Legislaturperiode, Rn. 1585 – 1590, https://www.koalitionsvertrag2025.de (letzter Aufruf 10.10.2025).

Rahmen der Antwort auf eine Kleine Anfrage hat die Bundesregierung nur begrenzt neue Informationen gegeben. Der Mittelstands-Fonds soll danach weder aus dem Bundeshaushalt oder durch sonstige Kofinanzierungen gespeist werden.[11] Er soll insbesondere dem Mittelstand zugutekommen, welcher auf Kredite angewiesen ist und der Umsetzung von Digitalisierungsvorhaben dienen.[12] Die konkrete Gestaltung sei noch in der Prüfung und Ausarbeitung.[13]

IV. Finanzverfassungsrechtliche Gedanken

Wie mit den Restmitteln aus Sonderabgaben zu verfahren ist, ist bislang gerichtlich nicht geklärt.[14] In der staatlichen Praxis finden sich wenige Beispiele, in denen Restmittel einer neuen gruppennützigen Verwendung zugeführt werden mussten.[15] In einem Fall erfolgte eine Überführung in den allgemeinen Haushalt.[16]

Alle Fälle hatten die Gemeinsamkeit, dass der Gesetzgeber tätig wurde, um bei einem nachträglichen Wegfall des Verwendungszwecks eine neue Verwendung zu schaffen. Allgemeine Antworten können der Staatspraxis für die Verwendung von Restmitteln nicht entnommen werden.[17]

Eine Pflicht zur Rückzahlung der Restmittel an die ursprünglichen Sonderabgabenpflichtigen kann grundsätzlich nicht erkannt werden. Hierfür müsste ein Erstattungsanspruch bestehen. Die Erhebung wird jedoch nicht

---

11 Antwort der Bundesregierung auf die Kleine Anfrage, Drucksache 21/615, Verwendung der Altmittel aus dem Restrukturierungsfonds, S. 3.

12 Ebd., S. 4.

13 Ebd., S. 3.

14 *A. Milutinović/E. Reimer*, Verfassungsrechtliche Möglichkeiten zur Verwendung der Bankenabgabe 2011 bis 2014, Rechtsgutachten erstattet im Auftrag des Bundesministeriums der Finanzen vom 28. März 2022, S. 8 f.: https://www.jura.uni-heidelberg.de/md/jura/news/fst/milutinovic-reimer__altmittel_restrukturierungsfonds_des_bundes__online-veroffentlichung_2022-08-11_.pdf (letzter Aufruf 10.10.2025).

15 Ebd., S. 7.

16 Ebd., S. 8.

17 Ebd., S. 9.

nachträglich dadurch rechtswidrig, dass Mittel erhoben, aber nicht verausgabt wurden.[18] Denn ein nachträglicher Wegfall der vorgesehenen Verwendung bedeutet nicht unbedingt einen nachträglichen Wegfall des Abgabentatbestands.[19] Entscheidend ist eine Prüfung in Anbetracht der Zwecksetzung.[20] So wurde mit der Bankenabgabe u.a. die Stabilisierung der Finanzmärkte verfolgt. Der fehlende Zugriff auf den Restrukturierungsfonds spricht dafür, dass dieser Zweck erfolgreich erreicht wurde und die Erhebung damit auch aus der ex-post Perspektive rechtmäßig erfolgte.[21]

Davon ausgehend, dass der Gesetzgeber nun die neue Verwendung zu schaffen hat, stellt sich sodann die Frage, nach welchen Maßstäben die neue Verwendung zu bestimmen ist. Zu beachten sind Vorgaben aus dem Finanzverfassungsrecht, aus den Grundrechten der Abgabepflichtigen, aus dem Rechtsstaatsprinzip und dem europäischen Beihilfenrecht.[22]

Von zentraler Bedeutung sind die finanzverfassungsrechtlichen Vorgaben zu den Sonderabgaben, welche durch langjährige Rechtsprechungspraxis Form angenommen haben.

Hiernach haben Sonderabgaben einen absoluten Ausnahmecharakter. Ihre Erhebung ist unter engen Voraussetzungen zulässig. Dazu gehört die Festlegung einer Gruppe von Abgabenpflichtigen, deren bestehende Gruppenverantwortung sich im Zweck der Sonderabgabe spiegeln muss, und die zweckentsprechende Verwendung der erhobenen Mittel. Diese finanzverfassungsrechtlichen Bindungen von Sonderabgaben schränken den Gesetzgeber in seinen Gestaltungsoptionen ein.[23]

Dabei ist die Gruppennützigkeit das zentrale Element bei der Bewertung eines neuen Gesetzesvorhabens. Gruppennützig ist eine Verwendung, die im Interesse einer abstrakt-generell bestimmbaren Gruppe stattfindet. Diese Gruppe muss von der Allgemeinheit aufgrund rechtlicher oder tatsächlicher Umstände abgrenzbar sein. Der Nutzen muss im Interesse der gesamten Gruppe bestehen. Unschädlich ist ein anders gelagertes Interesse

---

18 Ebd., S. 9.

19 Ebd., S. 32 ff.

20 Ebd., S. 33 ff.

21 Für eine detaillierte Begründung hierzu: ebd., S. 34 ff.

22 Im Detail zu den einzelnen Maßstäben siehe ebd., S. 9 ff.

23 Ebd., S. 6 m.w.N.

einzelner Gruppenmitglieder. Entscheidend ist die Gruppenverantwortung. Diese bestimmt die Zulässigkeit des Sachzwecks der Sonderabgabe.[24]

Mit einer Gruppenverantwortung können dabei verschiedene Sachzwecke in Einklang gebracht werden. In diesem Rahmen besteht ein Gestaltungsspielraum für den Gesetzgeber. Dieser bestimmt den Zweck der Abgabe. Der Zweck wirkt sich auf die Bestimmung des Bezugspunkts der Gruppennützigkeit aus.[25]

Für die Behandlung der Restmittel aus Sonderabgaben bedarf es nun einer Fortentwicklung der Maßstäbe der Gruppennützigkeit.[26]

Ausgangspunkt hierfür kann die Pflicht des Gesetzgebers zur periodischen Überprüfung der Voraussetzungen der Sonderabgaben sein. Hiernach trifft den Gesetzgeber eine Anpassungspflicht, wenn die Voraussetzungen für die Erhebung nicht mehr vorliegen.[27]

Die Beurteilung der Verfassungsmäßigkeit ist mithin dynamisch und begleitet die Sonderabgaben über ihre Lebensdauer. Im Sinne des Ausnahmecharakters der Sonderabgaben, den strengen finanzverfassungsrechtlichen Anforderungen an diese und der Verhältnismäßigkeitsprüfung, die das Bundesverfassungsgericht zur Rechtfertigung von Sonderabgaben durchführt, ist auch für die Verwendung von Restmitteln eine dynamische Rechtfertigungsperspektive zu suchen.[28]

Das Gutachten von 2022 gelangte zum Ergebnis, dass das Erfordernis der Gruppennützigkeit weiterwirkt. Dabei ist der Spielraum des Gesetzgebers für die Festlegung einer Gruppennützigkeitsbindung größer, je mehr vom ursprünglichen gruppennützigen Zweck bereits verwirklicht wurde. Das

---

[24] Ebd., S. 10 m.w.N.

[25] So können Lenkungszwecke und Finanzierungszwecke unterschiedliche Folgen nach sich ziehen, siehe ebd., S. 13 ff.

[26] Für die detaillierte Ausarbeitung der Maßstäbe siehe ebd., S. 9 ff., insb. S. 15 ff.; für eine Anwendung der Maßstäbe auf die Restmittel im Restrukturierungsfonds siehe ebd. S. 23 ff.

[27] Ebd., S. 21 f.

[28] Ebd., S. 22.

Gruppennützigkeiterfordernis erlischt jedoch nie vollständig. Der Gesetzgeber muss unter mehreren Verwendungsmöglichkeiten diejenige wählen, die dem ursprünglichen Zweck am nächsten kommt.[29]

V. Ausblick

Mit Blick auf die Pläne der aktuellen Bundesregierung ist schon die Gruppenverantwortung der Abgabepflichtigen für die „klimaneutrale Transformation großer deutscher Mittelständler mit begrenztem Zugang zum Kapitalmarkt" stark in Frage zu stellen. Zwar ist die konkrete Ausgestaltung des Mittelstands-Fonds noch nicht klar und möglicherweise könnte dem Bankengewerbe in irgendeiner Form ein Vorteil daraus erwachsen. Ein Vorteil aus der Verwendung der Restmittel genügt jedoch nicht, um die Gruppennützigkeit zu begründen.[30] Der Gesetzgeber wird die Verwendung im Lichte der Gruppenverantwortung rechtfertigen müssen. Zudem stellen sich beihilfenrechtliche Fragen.[31]

Sollte das Vorhaben der Bundesregierung realisiert werden, hätte jedenfalls eine gerichtliche Überprüfung das Potential, weiteres Licht in die Maßstäbe zur Gestaltung neuer Verwendungen von Restmitteln aus Sonderabgaben zu bringen.

---

[29] Ebd., S. 22.

[30] Ebd., S. 10; In diesem Sinne auch *S. Kempny*, Kurzgutachterliche Einschätzung zu der im Koalitionsvertrag für die 21. Wahlperiode des Deutschen Bundestages vorgesehenen Verwendung der Mittel aus der nationalen Bankenabgabe der Jahre 2011 bis 2014, vom 09. September 2025 im Auftrag von Bürgerbewegung Finanzwende e.V., S. 7 ff.: https://www.finanzwende.de/fileadmin/user_upload/Dokumente/Kempny__2025__Kurzgutachtliche_Einschaetzung_Mittelstand-Fonds.pdf (letzter Aufruf 10.10.2025).

[31] *S. Kempny*, Kurzgutachterliche Einschätzung zu der im Koalitionsvertrag für die 21. Wahlperiode des Deutschen Bundestages vorgesehenen Verwendung der Mittel aus der nationalen Bankenabgabe der Jahre 2011 bis 2014, vom 09. September 2025 im Auftrag von Bürgerbewegung Finanzwende e.V., S. 9 f.: https://www.finanzwende.de/fileadmin/user_upload/Dokumente/Kempny__2025__Kurzgutachtliche_Einschaetzung_Mittelstand-Fonds.pdf (letzter Aufruf 10.10.2025).

§ 4 Verortung der verfassungsrechtlichen Anforderungen an Typisierungen

Noah Zimmermann

I. Typisierung als Rechtfertigungsgrund

In der Rechtsprechung des BVerfG ist bereits seit langer Zeit anerkannt, dass im Rahmen von Art. 3 Abs. 1 GG gerade durch ihren typisierenden Charakter relevante Ungleichbehandlungen bzw. Gleichbehandlungen verursachende Regelungen durch die legitimen Ziele der Verwaltungsvereinfachung und Rechtssicherheit gerechtfertigt werden können.[1] Dies wird auch als Typisierungsbefugnis des Gesetzgebers bezeichnet. Dabei versteht das BVerfG unter einer Typisierung, „bestimmte in wesentlichen Elementen gleich geartete Lebenssachverhalte normativ zusammenzufassen“[2].

Dabei kann eine Unterscheidung von Typisierungen u.a. anhand dessen vorgenommen werden, ob mit der typisierenden Regelung allein der Vereinfachungszweck verfolgt wird (isolierte Typisierung) oder ob eine dem Grunde nach zur Verfolgung anderer Zwecke ungleichbehandelnde Regelung hinsichtlich der genauen Reichweite ihrer tatbestandlichen Voraussetzungen (tatbestandsbezogene integrierte Typisierung) bzw. hinsichtlich des genauen Umfangs der angeordneten Rechtsfolge[3] (rechtsfolgenbezogene integrierte Typisierung) typisiert. Bei integrierten Typisierungen werden also mit der Regelung mindestens zwei Zwecke verfolgt, die beide für die rechtfertigungsbedürftigen Ungleichbehandlungen bzw. Gleichbehandlungen ursächlich sind.

---

1 Vgl. etwa bereits BVerfGE 9, 20 (31 f.); besonders deutlich etwa BVerfGE 135, 126 (148 f. Rn. 69 ff.).

2 BVerfGE 111, 115 (137).

3 Diesbezügliche Typisierungen werden teils auch als Pauschalierung bezeichnet, s. etwa *T. Spitzlei*, Die Gesetzgebungstechnik der Pauschalierung und ihre verfassungsrechtliche Bewertung, 2016, S. 116 ff.

Dieser Beitrag umreißt die durch das BVerfG aufgestellten verfassungsrechtlichen Anforderungen an eine zulässige Typisierung (II.), stellt die in der verfassungsgerichtlichen Rechtsprechung auftretenden systematischen Verortungsmöglichkeiten dieser Anforderungen dar (III.) und nimmt abschließend eine Bewertung jener Verortungsmöglichkeiten vor (IV.).

II. Anforderungen an eine zulässige Typisierung

Das BVerfG hat im Laufe der Zeit eine ganze Reihe von Anforderungen an zulässige Typisierungen herausgearbeitet. Diese sind – ohne Anspruch auf Vollständigkeit und letztverbindliche Systematisierung wiedergegeben:

a) Gesetzliche Verallgemeinerungen müssen von einer möglichst breiten, alle betroffenen Gruppen und Regelungsgegenstände einschließenden Beobachtung ausgehen.[4]

b) Die tatsächlichen Anknüpfungspunkte der Typisierung müssen im Normzweck angelegt sein.[5]

c) Der Gesetzgeber darf keinen atypischen Fall als Leitbild wählen, sondern muss realitätsgerecht den typischen Fall als Maßstab zugrunde legen.[6]

d) Die Vorteile der Typisierung müssen in einem angemessenen Verhältnis zu der mit ihr notwendig verbundenen Ungleichheit der steuerlichen Belastung stehen.[7]

e) Es muss im konkreten Fall ein Bedürfnis für eine Typisierung geben, was insbesondere bei Vorgängen der Massenverwaltung einerseits und bei Regelungen über ungewisse Umstände oder Geschehnisse, die sich selbst bei detaillierter Einzelfallbetrachtung nicht mit Sicherheit bestimmen lassen, andererseits gegeben ist.[8]

---

4 BVerfGE 96, 1 (6).

5 BVerfGE 111, 115 (137).

6 BVerfGE 27, 142 (150).

7 Vgl. bereits BVerfGE 21, 12 (27).

8 Zusammenfassend BVerfGE 151, 101 (145 f. Rn. 114).

Die durch die Typisierung eintretenden Härten und Ungerechtigkeiten dürfen nur unter (verwaltungstechnischen) Schwierigkeiten vermeidbar sein.[9]

f) Eintretende Härten und Ungerechtigkeiten dürfen nur eine verhältnismäßig kleine Zahl von Personen betreffen.[10]

g) Das Ausmaß der Ungleichbehandlung muss gering sein.[11]

h) Eine typisierende Ausnahmeregelung darf nicht derart weit gefasst werden, dass das Regel-Ausnahme-Verhältnis de facto umgekehrt wird.[12]

Ferner betont das BVerfG, dass der gesetzgeberische Spielraum für Typisierungen umso enger ist, je dichter die verfassungsrechtlichen Vorgaben außerhalb von Art. 3 Abs. 1 GG sind.[13] Er ende dort, wo die speziellen Diskriminierungsverbote des Art. 3 Abs. 2 und Abs. 3 GG betroffen sind.[14] Auch bestünde im Rahmen von gegenüber einem Normalfall bevorzugenden Regelungen ein größerer Spielraum für Typisierung als im Rahmen von gegenüber einem Normalfall benachteiligenden Regelungen.[15] Zudem sei der Spielraum dann erweitert, wenn der Gesetzgeber mit einem neuartigen Phänomen konfrontiert wird und es bisher nicht möglich war, diesbezüglich ausreichende Erfahrungen zu sammeln.[16]

Nicht abschließend geklärt ist dabei das Verhältnis der Anforderungen zueinander. So könnten etwa a) und c) als im Wesentlichen dieselbe Anforderung angesehen werden. Auch könnten e), f) und g) als besondere Ausprägungen von d) angesehen werden. In diesem Falle würde sich wiederum die Frage stellen, ob es sich dabei um abschließende oder nur um beispielhafte Ausprägungen handelt.

---

9 BVerfGE 45, 376 (390).

10 Vgl. bereits BVerfGE 17, 1 (24); explizit dann BVerfGE 26, 265 (276).

11 Vgl. bereits BVerfGE 26, 265 (276); in diese Richtung auch schon BVerfGE 21, 12 (27).

12 BVerfGE 138, 136 (225 Rn. 227). Mit anderer, stärker einzelfallbezogener Interpretation hingegen *U. Kischel*, in: BeckOK, GG, Stand: 06.2025, Art. 3 Rn. 124.2.

13 BVerfGE 133, 377 (413 Rn. 88).

14 Ebd.

15 BVerfGE 17, 1 (23 f.).

16 BVerfGE 33, 171 (189 f.).

III. Systematische Verortung der Anforderungen

Die systematische Verortung der vorgenannten Anforderungen divergiert in der Rechtsprechung des BVerfG. Zum Teil werden nur diese Anforderungen geprüft und eine echte Verhältnismäßigkeitsprüfung erfolgt überhaupt nicht.[17] Hingegen hat es die Anforderungen teilweise aber innerhalb der Angemessenheitsprüfung verortet.[18] Eine Verortung innerhalb der Erforderlichkeitsprüfung ist ebenfalls auffindbar.[19] Teilweise ist auch unklar, ob eine Verortung innerhalb oder möglicherweise auch außerhalb einer Verhältnismäßigkeitsprüfung erfolgt.[20]

Eine vergleichbare Situation zeigt sich in Fällen, in denen das BVerfG statt der Verhältnismäßigkeitsprüfung eine bloße Willkürkontrolle vornimmt. So unterbleibt teils eine separate Subsumtion unter die (zuvor in der Entscheidung durchaus benannten) besonderen Anforderungen an Typisierungen und Vereinfachungsgesichtspunkte werden nur inzident in der Willkürprüfung behandelt.[21] In der Entscheidung zur Mindestgewinnbesteuerung hingegen wurden die besonderen Anforderungen allerdings selbstständig neben einer bloßen Willkürprüfung geprüft.[22]

IV. Bewertung

Es überzeugt nicht, die besonderen Anforderungen an Typisierungen je nach Entscheidung unterschiedlich systematisch zu verorten. Auch müssen sich die Typisierungsanforderungen in die herkömmliche Prüfungsstruktur der Rechtfertigungsprüfung bei Art. 3 Abs. 1 GG einfügen. Denn es muss einen dogmatischen Anknüpfungspunkt für die Prüfung der An-

---

17 Etwa BVerfGE 162, 277 (320 ff. Rn. 105 ff.); BVerfG, NVwZ 2025, 668 (669 f. Rn. 34 ff.).

18 BVerfGE 151, 101 (145 ff. Rn. 110 ff.); BVerfGE 161, 163 (276 ff. Rn. 313 ff.). Dahingehend auch bereits BVerfGE 135, 126 (148 ff. Rn. 70 ff.).

19 BVerfGE 158, 282 (340 ff. Rn. 140 ff.).

20 BVerfGE 164, 347 (414 ff. Rn. 184 ff.).

21 BVerfGE 152, 274 (322 ff. Rn. 122 ff.; 314 f. Rn. 101 ff.); BVerfGE 164, 347 (401 ff. Rn. 147 ff.; 396 f. Rn. 135 ff.).

22 BVerfG, DStR 2025, 2000 (2008 ff. Rn. 125, 126 ff., 137 ff.).

forderungen an eine Typisierung geben, der bei einer von der herkömmlichen Prüfungsstruktur der Rechtfertigungsprüfung getrennten Prüfung jedoch fehlt.

Am treffendsten ist eine Verortung der Anforderungen innerhalb der Verhältnismäßigkeitsprüfung, wobei sie in der Regel im Rahmen der Angemessenheitsprüfung die größte Rolle spielen dürften.[23] Denn die Anforderungen lassen sich allesamt als Ausprägung der Abwägung zwischen dem Ausmaß der Ungleichbehandlung und dem Interesse an einer effizienten Vollziehbarkeit der getroffenen typisierenden Regelung verstehen. Weniger überzeugend ist hingegen ein Verständnis bereits als Voraussetzung für das Vorliegen einer Typisierung, da naheliegenderweise (auch nach der vorgenannten Definition des BVerfG) jegliche generalisierende Norm eine Typisierung darstellt, auch wenn z.B. bereits nicht einmal der typische Fall als Leitbild gewählt wird.

Diese Schlussfolgerungen stellen aber wiederum jedenfalls manche der durch das BVerfG aufgestellten Anforderungen auch in der Sache in Frage. Denn wenn es sich vor allem um Ausprägungen der Angemessenheitsprüfung handelt, erscheint es fraglich, ob sie trennscharf zulässige von unzulässigen Typisierungen abgrenzende Voraussetzungen oder nicht vielmehr lediglich im Rahmen einer allgemeinen Abwägung zu berücksichtigende Abwägungsgesichtspunkte sind. Jedenfalls hinsichtlich der Anforderung, dass das Ausmaß der Ungleichbehandlung gering sein müsse, stellt sich ganz konkret die Frage, ob in dem Fall, dass man die Anforderung tatsächlich so streng versteht, wie sie auf den ersten Blick erscheint, diese mit dem Charakter einer Abwägung nur schwer vereinbar ist. Denn es erscheint denkbar, dass beispielsweise mittelschwere Ungleichbehandlungen durch eine die effiziente Vollziehbarkeit in sehr großem Maße fördernde Typisierung gerechtfertigt werden können.

---

23 Für eine Prüfung von Typisierungen maßgeblich anhand des Verhältnismäßigkeitsgrundsatzes, v.a. anhand der Angemessenheit u.a. *S. Huster*, in: Berliner Kommentar zum Grundgesetz, Stand: 2023, Art. 3 Rn. 145 f.; vgl. auch *T. Spitzlei*, Die Gesetzgebungstechnik der Pauschalierung und ihre verfassungsrechtliche Bewertung, 2016, S. 381 ff.; *T. Kingreen*, in: Bonner Kommentar zum Grundgesetz, Stand: 02.2020, Art. 3 Rn. 648; *A. Thiele*, in: Dreier, GG, 4. Auflage 2023, Art. 3 Abs. 1 Rn. 48; *A. Nußberger/J. Hey*, in: Sachs, GG, 10. Auflage 2024, Art. 3 Rn. 109 f.; *F. Wollenschläger*, in: Huber/Voßkuhle, GG, 8. Auflage 2024, Art. 3 Abs. 1 Rn. 203.

Besonders wenig überzeugend ist die in der Entscheidung zur Mindestgewinnbesteuerung anzutreffende Vorgehensweise, die in der Rechtsprechung anerkannten Anforderungen an Typisierungen neben einer bloßen Willkürkontrolle zu prüfen. Denn dadurch werden die im Rahmen der Willkürkontrolle eigentlich großzügigen Rechtfertigungsmöglichkeiten durch die ohne dogmatischen Anknüpfungspunkt geprüften Typisierungsanforderungen unterlaufen. Typisierungsanforderungen sollten hier innerhalb der Willkürkontrolle geprüft werden und konsequenterweise dann in diesen Fällen einen gleichermaßen großzügigen Maßstab darstellen.

§ 5 Ökonomische und ertragsteuerliche Bewertungsansätze für Daten im Lichte des Leistungsfähigkeitsprinzips

Katharina Steuer

I. Einleitung

Die verschiedenen Ansätze zur Bewertung von Daten sind in der ökonomischen Literatur bereits von mehreren Seiten besprochen; der ökonomische Wert von Daten wird dabei unabhängig von der Methode nie bestritten. Ein ertragsteuerliches Pendant sucht man jedoch vergebens. Obgleich beide Disziplinen eine große Schnittmenge aufweisen, finden sich kaum Hinweise auf die ertragsteuerliche bzw. bilanzielle Bewertung von Daten. Dies liegt wohl darin begründet, dass in steuerrechtlicher Literatur langläufig vertreten wird, Daten komme allein aufgrund ihrer Existenz kein genereller Wert zu. Sie seien nicht mit anderen Rohstoffen, wie z.B. Gold, vergleichbar.[1] Daten nur zu besitzen, gewähre dem Unternehmen keine Gewinne. Erst wenn sie für das Unternehmen wirklich nutzbar seien, trügen sie zur Wertschöpfung bei.[2] Daher liege der eigentliche Beitrag zur ökonomischen Wertschöpfung und -sicherung nicht in der Erhebung der Daten, sondern im Analysevorgang, da dieser Voraussetzung für die Monetarisierung sei.[3]

---

1 *R. Bodenmüller*, in: Vögele/Beisheim/Blankenfeldt, et al. (Hrsg.), Bilanzierung und Bewertung, Recht und Steuern, Verrechnungspreise, 2021, S. 1653 (1656 f.).; *P. Valente*, European Taxation 2019, 251 (254) m.w.N.

2 *R. Bodenmüller*, in: Vögele/Beisheim/Blankenfeldt, et al. (Hrsg.), Bilanzierung und Bewertung, Recht und Steuern, Verrechnungspreise, 2021, S. 1653 (1656 f.).

3 *P. Valente*, European Taxation, 2019, 251 (254) m.w.N.; *R. Bodenmüller*, in: Vögele/Beisheim/Blankenfeldt, et al. (Hrsg.), Bilanzierung und Bewertung, Recht und Steuern, Verrechnungspreise, 2021, S. 1653 (1678); *R. Pinkernell*, in: International Fiscal Association (Hrsg.), Cahier de droit fiscal international Vol. 106B, S. 367 (380).

Dem ist zwar dahingehend zuzustimmen, dass aus Daten nicht unmittelbar ein Ertrag folgt, da dies ohne Zweifel der Einbindung in ein Geschäftsmodell bedarf.[4] Dieser Aspekt ist jedoch von der Frage zu unterscheiden, ob Daten bereits aufgrund ihrer Existenz ein gewisser Wert zukommt, der von ertragsteuerlicher Relevanz sein könnte. Dass dies nicht pauschal abgelehnt werden kann, beweist bereits der Vergleich zu tradierten Geschäftsmodellen in Zusammenhang mit physischen Rohstoffen: So gewährt z.B. dem Tischlermeister die reine Existenz des Holzes in seinen Lagerräumen ebenfalls keine Gewinne. Gleichsam liegt auch hier wohl der größte Beitrag zur Wertschöpfung in der Verarbeitung, also z.B. in der Herstellung eines Tisches als Kombination von Rohstoffen, Arbeitskraft und Wissen. Unabhängig von der Bedeutung der einzelnen Wertschöpfungsbeiträge, würde hier jedoch niemand bezweifeln, dass bereits dem Holz selbst ein Wert zukommt. Es fragt sich also, weshalb im Gegensatz dazu (Roh-)Daten die Werthaltigkeit in der steuerlichen Literatur abgesprochen wird, während diese aus ökonomischer Sicht nicht bezweifelt wird. Ob dies allein die Immaterialität bedingt oder verschiedene Werteverständnisse dies begründen, muss anhand einer Analyse der verschiedenen Bewertungsverfahren in der Ökonomie und im Ertragsteuerrecht beurteilt werden.

Deshalb werden im Folgenden zunächst die ökonomischen Ansätze der Datenbewertung beschrieben (II.), um diesen sodann die ertragsteuerlichen Bewertungsgrundlagen gegenüberzustellen (III.). Im Anschluss werden die dargestellten Bewertungsansätze im Lichte des Leistungsfähigkeitsprinzips beurteilt (IV.). Die Betrachtung schließt mit einem Fazit, das einen Ausblick auf eine mögliche Ertragsbesteuerung von Daten gibt (V.).

II. Ökonomische Ansätze der (Daten-)Bewertung

In der Ökonomie wird grundlegend zwischen nicht-finanziellen und finanziellen Bewertungsverfahren differenziert.[5] Die nicht-finanziellen Bewertungsverfahren, zu denen qualitätsorientierte, prozessorientierte und

---

[4] *S. Strahringer/M. Wiener*, HMD 2021, 457 (462).

[5] *M. Hupperz/T. Groß/M. Spiekermann*, Datenbewertung, 2022, S. 14 ff.; *A. Krotova/C. Rusche/M. Spiekermann*, Die ökonomische Bewertung von Daten, 2019, S. 22.

performance-orientierte Verfahren zählen, werden in erster Linie zur Steuerung unternehmensinterner Prozesse eingesetzt.[6] Sie dienen primär der Informationsgewinnung bezüglich des Status quo des Unternehmens sowie als Instrument zur Realisierung strategischer Ziele.[7] Zum Zwecke des Vergleichs mit ertragsteuerlichen Bewertungsverfahren bzw. als mögliches Vorbild für eine ertragsteuerliche Bewertung von Daten erweisen sich die nicht-finanziellen Verfahren jedoch a priori als ungeeignet,[8] weshalb im Folgenden lediglich die finanziellen Bewertungsverfahren näher erörtert werden. Diese lassen sich in die drei Grundströmungen der marktpreisorientierten, nutzenorientierten und kostenorientierten Bewertungsverfahren unterteilen.[9]

1. Marktpreisorientierte Bewertung

Eine marktpreisorientierte Bewertung reflektiert den Wert, den Dritte für die Daten zu zahlen bereit sind.[10] Der Wert wird also gemäß der am Markt geltenden Prinzipien von Angebot und Nachfrage bestimmt. Dies gilt unabhängig davon, ob letztlich etwa die Vergleichswertmethoden, eine Lizenzpreisanalogie oder vergleichbare Umsatzrenditen herangezogen werden.[11] Marktpreisorientierte Verfahren erweisen sich in der Regel als geeignet, um klassische Wirtschaftsgüter zu bewerten. Bezüglich der Bewertung von Daten bestehen jedoch Bedenken. Die Grundvoraussetzung für die Anwendung marktpreisorientierter Bewertungsverfahren ist nämlich die Existenz eines aktiven Marktes für das betroffene Gut.[12] Indes etablieren sich erst in jüngerer Vergangenheit kommerzielle Datenmarktplätze

---

6 *M. Hupperz/T. Groß/M. Spiekermann*, Datenbewertung, 2022, S. 14.

7 *A. Krotova/C. Rusche/M. Spiekermann*, Die ökonomische Bewertung von Daten, 2019, S. 22; *M. Hupperz/T. Groß/M. Spiekermann*, Datenbewertung, 2022, S. 14.

8 Ebd.

9 *A. Krotova/C. Rusche/M. Spiekermann*, Die ökonomische Bewertung von Daten, 2019, S. 27.

10 *M. Hupperz/T. Groß/M. Spiekermann*, Datenbewertung, 2022, S. 14.

11 *A. Krotova/C. Rusche/M. Spiekermann*, Die ökonomische Bewertung von Daten, 2019, S. 27, 31.

12 *M. Hupperz/T. Groß/M. Spiekermann*, Datenbewertung, 2022, S. 15; *A. Krotova/C. Rusche/M. Spiekermann*, Die ökonomische Bewertung von Daten, 2019, S. 27.

und solche für private, öffentliche oder sogar gestohlene Daten.[13] Zudem ist der Marktpreis bei Daten auch weniger aussagekräftig als bei anderen Gütern, da Daten ohne zusätzliche Kosten replizierbar und daher in ihrer Nutzung nicht-konkurrierend sind. Dies führt dazu, dass es für datenvertreibende Unternehmen lukrativer sein kann, den Preisvorstellungen von Kunden mit geringerem Nutzenpotential entgegenzukommen, als die Daten erst gar nicht zu veräußern.[14] Folglich existiert für ein und denselben Datensatz nicht zwingend ein einheitlicher Marktpreis.

2. Nutzenorientierte Bewertung

Nutzenorientierte Methoden bewerten Güter anhand der zukünftigen Gewinnerwartung, also im Hinblick auf die erwarteten Umsätze abzüglich der Kosten. Beispiel hierfür sind Methoden wie die unmittelbare Cashflow-Prognose, die Residualwertmethode, die Mehrgewinnmethode sowie erneut die Methode der Lizenzpreisanalogie.[15] Im Unterschied zur marktpreisorientierten Bewertung liegt hier der Fokus jedoch mehr auf der Ersparnis, die dadurch generiert wird, dass sich der immaterielle Gegenstand im eigenen Vermögen befindet und zwecks Nutzung keine Lizenz erworben werden muss. Hingegen ist bei der marktpreisorientierten Bewertung der Lizenzpreis ausschlaggebend, der bei einer Lizenzvereinbarung mit einem Abnehmer erzielt werden kann.[16]

Bei den genannten nutzenorientierten Bewertungsmethoden müssen neben der Dauer der Nutzung, monetär bewertbare Komponenten (wie z.B. Prozesskosten) sowie nicht monetär-bewertbare Komponenten (wie z.B. Qualität, Kundenzufriedenheit oder generelle Risiken) mit einkalkuliert werden.[17] Die Quantifizierung von Chancen und Risiken erfolgt unter Berücksichtigung des Best-Case- und des Worst-Case-Szenarios, wodurch

---

13 *A. Krotova/C. Rusche/M. Spiekermann*, Die ökonomische Bewertung von Daten, 2019, S. 30 m.w.N.

14 Vgl. *R. Nissen*, Der monetäre Wert von Daten im Privatrecht, 2021, S. 96.

15 *A. Krotova/C. Rusche/M. Spiekermann*, Die ökonomische Bewertung von Daten, 2019, S. 41 f.

16 Ebd., S. 31, 42.

17 *M. Hupperz/T. Groß/M. Spiekermann*, Datenbewertung, 2022, S. 15; *A. Krotova/C. Rusche/M. Spiekermann*, Die ökonomische Bewertung von Daten, 2019, S. 41.

eine Vielzahl von Faktoren Einfluss finden.[18] Obgleich eine nutzenorientierte Bewertung damit als einzige Methode die zukünftige Gewinnmöglichkeit zu quantifizieren versucht, stellt sich das zugrundeliegende Verfahren als vergleichsweise komplex und aufwändig dar. Auch sind Chancen und Risiken *per definitionem* von Unsicherheit geprägt, was die Bewertung für Subjektivität anfällig macht.[19]

3. Kostenorientierte Bewertung

Demgegenüber zeichnen sich kostenorientierte Verfahren durch eine geringere Komplexität sowie eine objektivere Natur aus. Der Wert der Daten wird dabei anhand der Anschaffungs- und Herstellungskosten bzw. Wiederherstellungskosten ermittelt.[20] Zur Bewertung ist es daher erforderlich, die gesamten Kosten der datenbezogenen Wertschöpfungskette zu erfassen; also die Erfassung der Informationen, (Vor-)Verarbeitung und Speicherung, Analyse und Auswertung und etwaige Kosten bei der Bereitstellung i.R.d. Verwertung.[21] Die genannten Kosten können beispielsweise aus dem Betrieb und Unterhalt von Servern und anderen Speichermedien, der Schulung von Personal sowie weiteren Faktoren resultieren. In Hinblick auf die wirtschaftlich lukrativen Nutzerdaten müssen insbesondere auch die Kosten mit einbezogen werden, die durch die Entwicklung und den Unterhalt der Plattformen entstehen, aufgrund derer die Nutzer Daten erzeugen und diese zu teilen bereit sind. In diesem Zusammenhang sind ebenfalls jene Aufwendungen zu berücksichtigen, die zur Schaffung der erforderlichen Reichweite und Netzwerkeffekte getätigt wurden.[22] Von diesen ermittelten Kosten müssen zudem Wertverlustkomponenten, also z.B.

---

18 *A. Krotova/C. Rusche/M. Spiekermann*, Die ökonomische Bewertung von Daten, 2019, S. 40.

19 *M. Hupperz/T. Groß/M. Spiekermann*, Datenbewertung, 2022, S. 16.

20 Ebd., S. 15; *A. Krotova/C. Rusche/M. Spiekermann*, Die ökonomische Bewertung von Daten, 2019, S. 34.

21 *A. Krotova/C. Rusche/M. Spiekermann*, Die ökonomische Bewertung von Daten, 2019, S. 28; eine Übersicht über mögliche Kostenfaktoren bieten *A. Krotova/M. Spiekermann*, Data Valuation Model, 2020, S. 25.

22 *A. Vögele/J. Raab*, in: Vögele/Beisheim/Blankenfeldt, et al. (Hrsg.), Bilanzierung und Bewertung, Recht und Steuern, Verrechnungspreise, 2021, S. 831 (1020).

Verluste durch Alterung des Datensatzes, abgezogen werden. Die Differenz zwischen Kosten und Wertverlustkomponenten bildet sodann den Wert des Vermögensgegenstandes.[23] Dieses Verfahren ist in seiner Komplexität überschaubar und bietet den Vorteil der objektiven Überprüfbarkeit. Allerdings besteht ein Nachteil darin, dass nur die historischen Kosten aufgegriffen werden, wodurch Gewinnerwartungen nicht mit eingepreist werden. Infolgedessen liegt bei kostenorientierten Verfahren der Marktwert der Daten in der Regel wesentlich höher als deren Buchwert.[24]

III. Ertragsteuerrechtliche Maßstäbe der (Daten-)Bewertung

Im deutschen Ertragsteuerrecht gibt es ebenfalls drei Bewertungsmaßstäbe: Die Bewertung mit den Anschaffungs- oder Herstellungskosten (1.), die Bewertung mit dem gemeinen Wert bzw. Verkehrswert (2.) und eine Bewertung zum Teilwert (3.). Die Buchwertfortführung, wie sie z.B. in § 6 Abs. 3, 6 EStG angeordnet wird, ist kein eigener Bewertungsansatz, da der Buchwert selbst stets auf einem der vorgenannten Ansätze beruht. Auch das Festwertverfahren und die Gruppenbewertung nach § 240 Abs. 3, 4 HGB i.V.m. § 5 Abs. 1 EStG sowie das Bewertungsvereinfachungsverfahren nach § 256 HGB i.V.m. § 5 Abs. 1 EStG stellen keine eigenen Bewertungsansätze dar; hierbei handelt es sich lediglich um technische oder verfahrensmäßige Vereinfachungen, die regelmäßig auf einer kostenbasierten Bewertung beruhen.

1. Ansatz mit Anschaffungs- und Herstellungskosten

Im Regelfall müssen Wirtschaftsgüter nach geltendem Recht mit den Anschaffungs- oder Herstellungskosten in der Bilanz angesetzt werden, §§ 253 S. 1, 255 HGB i.V.m. § 5 Abs. 1 EStG. Dieser Betrag ist sodann um die Absetzungen für Abnutzungen nach § 7 EStG zu vermindern. Dies ist

---

23 *A. Krotova/C. Rusche/M. Spiekermann*, Die ökonomische Bewertung von Daten, 2019, S. 34.

24 *M. Hupperz/T. Groß/M. Spiekermann*, Datenbewertung, 2022, S. 16; *A. Krotova/C. Rusche/M. Spiekermann*, Die ökonomische Bewertung von Daten, 2019, S. 35, 46.

damit das Pendant zur ökonomischen kostenorientierten Bewertung, wonach eine Bewertung anhand der gesamten Kosten der datenbezogenen Wertschöpfungskette abzüglich der Wertverlustkomponenten erfolgt.[25]

Der ertragsteuerliche Ansatz mit den Anschaffungs- und Herstellungskosten bildet jedoch nicht die Wertschöpfung im ökonomischen Sinn ab. Eine solche ist dann gegeben, wenn der Wert eines Gegenstandes die Kosten der dafür eingesetzten Güter, Arbeitskraft etc. übersteigt.[26] Bilanziell findet vielmehr eine Form der Werterhaltung dahingehend statt, dass die Anschaffungs- und Herstellungskosten für ein zu bilanzierendes Wirtschaftsgut nicht als sofort abzugsfähiger Aufwand abfließen, sondern auf diesen Gegenstand transferiert werden. Der bereits zu diesem Zeitpunkt gegebenenfalls geschaffene Mehrwert im Sinne einer ökonomischen Wertschöpfung wird jedoch erst dann erfasst, wenn der Gegenstand für diesen Preis veräußert wird, was bilanziell eine Realisierung stiller Reserven darstellt. Die Bewertung von Daten mit den Anschaffungs- und Herstellungskosten ist jedoch insoweit problematisch, als dass die Kosten keine sonderlich aussagekräftige Bezugsgröße darstellen, da die Grenzkosten einzelner Datenerhebungen in vielen Fällen gegen Null gehen.[27]

2. Ansatz mit gemeinem Wert/Verkehrswert

Der gemeine Wert ist nach § 9 BewG der Preis, der im gewöhnlichen Geschäftsverkehr nach der Beschaffenheit des Wirtschaftsguts bei einer Veräußerung zu erzielen wäre. Er stellt somit einen dem ökonomischen Marktwert entsprechenden Ansatz dar und entspricht im Wesentlichen dem Verkehrswert bzw. dem objektivierten Einzelveräußerungspreis. Der gemeine Wert ist insbesondere bei der Bewertung entstrickungsbedingter fiktiver Entnahmen und Einlagen (§ 6 Abs. 1 Nr. 4 S. 1 HS 2 und Nr. 5a EStG), bei der Einlage von Wirtschaftsgütern anlässlich einer Betriebseröffnung (§ 6 Abs. 1 Nr. 6 EStG), beim unentgeltlichen Erwerb von Wirtschaftsgütern aus betrieblichem Anlass (§ 6 Abs. 4 EStG) sowie bei Tausch-

---

[25] Vgl. *M. Hupperz/T. Groß/M. Spiekermann*, Datenbewertung, 2022, S. 15.

[26] *M. Olbert/C. Spengel*, World Tax Journal 2017, 3 (22).

[27] *R. Nissen*, Der monetäre Wert von Daten im Privatrecht, 2021, S. 88.

vorgängen (§ 6 Abs. 6 S. 1 EStG) maßgeblich. Daneben findet er in besonderen Fällen Anwendung, etwa bei der Betriebsaufgabe (§ 16 Abs. 3 EStG) oder bei der Bewertung von Zuwendungen von Vermögensbeteiligungen (§ 19a EStG). [28]

3. Ansatz mit Teilwert

Im Gegensatz zum gemeinen Wert nimmt der Teilwert nicht die Einzel-, sondern die Gesamtveräußerung in den Blick und weist gem. § 10 S. 2 BewG einem Wirtschaftsgut den Wert zu, den ein Erwerber des ganzen Unternehmens im Rahmen des Gesamtkaufpreises für das einzelne Wirtschaftsgut ansetzen würde. Er ist nicht objektiv-marktbezogen, sondern subjektiv-betriebsbezogen. Mit dem Blick auf die interne Wertbeitragsfunktion des einzelnen Wirtschaftsguts geht zugleich eine Fokussierung auf dessen betrieblichen Nutzen einher. So kann ein Wirtschaftsgut mit geringen Kosten hergestellt und am Markt ebenfalls gering bewertet, aber zugleich derart in die betrieblichen Abläufe eingebunden und nutzbringend sein, dass der Teilwert deutlich über dem gemeinen Wert sowie den Anschaffungs- und Herstellungskosten liegt. Der Ansatz mit dem Teilwert bildet damit das ertragsteuerliche Pendant zur ökonomischen nutzenorientierten Bewertung.

Der Teilwert wird hauptsächlich zur Bewertung von Entnahmen (§ 6 Abs. 1 Nr. 4 EStG), Einlagen (§ 6 Abs. 1 Nr. 5 EStG) und verdeckten Einlagen (§ 6 Abs. 6 S. 2 EStG) herangezogen.[29] Daneben kommt er unter anderem auch bei der Bewertung von Wirtschaftsgütern zum Tragen, die gegen ein Gesamtentgelt in einer Mehrheit für das Betriebsvermögen des Steuerpflichtigen angeschafft wurden.[30] Zudem kann i.R.d. Bewertung für jedes Wirtschaftsguts gem. § 6 Abs. 1 Nr. 1 S. 2 EStG fakultativ der Teilwert angesetzt werden, wenn dieser aufgrund einer voraussichtlich dauernden Wertminderung niedriger ist als die (fortgeführten) Anschaffungs- und Herstellungskosten (sog. Teilwertabschreibung).

---

[28] *K. Korn/M. Strahl*, in: Korn (Hrsg.), Einkommensteuergesetz, Stand: 06.2024, § 6 Rn. 210.1.

[29] Ebd., Rn. 190.

[30] Ebd., Rn. 142.

IV. Bewertungsansätze im Lichte der Leistungsfähigkeit

In der wirtschaftswissenschaftlichen Diskussion hat sich noch keines der drei Bewertungsverfahren herausgebildet, welchem im Hinblick auf die Bewertung von Daten Vorzug zu gewähren sein soll. Auch wenn zwischen ökonomischen Bewertungsverfahren und steuerlichen Bewertungsmaßstäben gewisse methodische Parallelen bestehen, kann daraus nicht gefolgert werden, dass im Hinblick auf die ertragsteuerliche Bewertung von Daten ebenso ein Konkurrenzverhältnis zwischen den Maßstäben besteht. Im Rahmen des gesamten Ertragsteuerrechts, also insbesondere auch bei der Festlegung des Bewertungsmaßstabs gilt es nämlich das Leistungsfähigkeitsprinzip zu beachten. Dem Gesetzgeber kommt damit kein Gestaltungsspielraum zu, in dessen Rahmen er für Daten etwa den Ansatz mit dem gemeinen Wert oder mit dem Teilwert als Bewertungsmethode festsetzen könnte, auch wenn dies von Seiten der Ökonomie diskutiert wird.

Denn aus dem Leistungsfähigkeitsprinzip folgt insbesondere das Realisationsprinzip.[31] Danach sind Gewinne erst zu berücksichtigen, wenn sie realisiert sind, da erst realisierte Wertzuwächse als Ausdruck einer erhöhten wirtschaftlichen Leistungsfähigkeit anzusehen sind. Dies führt jedoch dazu, dass in der Regel allein der kostenorientierte Bewertungsmaßstab als Basis des Ansatzes von Wirtschaftsgütern herangezogen werden kann. Anders als bei einer Bewertung von Daten mit dem gemeinen Wert oder Teilwert wird die ökonomische Wertschöpfung erst dann zum ertragsteuerlichen Gewinn, wenn dieser auch realisiert ist. Dies ist in der Regel beim Verkauf der Daten der Fall. Bis zu diesem Zeitpunkt erfolgt, wie bereits erläutert, durch den kostenbasierten Ansatz lediglich eine Form der bilanziellen Erhaltung der Leistungsfähigkeit.

Der Gesetzgeber kann daher Teilwert und gemeinen Wert nicht frei als Bewertungsmaßstäbe vorsehen, sondern nur im Rahmen der verfassungsrechtlichen Vorgaben einsetzen. Eine Bewertung mit dem gemeinen Wert ist etwa dann gerechtfertigt, wenn der Zweck der Norm darin liegt, außer-

---

31 *U. Prinz*, DStR 2020, 842 (844); *I. Schomäcker*, Steuerverfassungsrecht und gesetzgeberischer Gestaltungsraum, 2020, S. 27. Ob das genannte Realisationsprinzip deckungsgleich mit dem im Handelsrecht in § 252 Abs. 1 Nr. 4 HGB normierten und auf dem Vorsichtsprinzip beruhenden Realisationsprinzip ist, soll an dieser Stelle offenbleiben.

betriebliche und daher steuerlich neutral zu stellende Änderungen des Betriebsvermögens sachgerecht abzubilden. Eine Bewertung mit dem Teilwert ist insbesondere bei Einlagen und Entnahmen leistungsfähigkeitsgerecht, da dort ohnehin eine außerbilanzielle Korrektur erfolgt; ebenso bei der Teilwertabschreibung, weil ein realer Wertverlust eingetreten ist. Der Steuerpflichtige ist in diesem Fall weder faktisch noch wirtschaftlich leistungsfähig.[32]

V. Fazit

Insgesamt hat sich gezeigt, dass die ökonomischen Bewertungsmethoden jeweils ein ertragsteuerliches Pendant besitzen. Vor diesem Hintergrund bleibt weiterhin klärungsbedürftig, weshalb Daten ertragsteuerlich bislang ihre Werthaltigkeit abgesprochen wird bzw. diese zumindest unbeachtet bleibt, während diese ökonomisch unbestritten ist. Dies kann aufgrund der weitgehenden Übereinstimmung der Bewertungsansätze auch nicht mit einem unterschiedlichen Werteverständnis begründet werden. Zwar wurde bewiesen, dass die kostenbasierte Bewertung im Hinblick auf das Leistungsfähigkeitsprinzip den Ausgangspunkt für eine Bewertung von Daten bilden muss, da eine marktpreisorientierte Bewertung (gemeiner Wert) oder eine nutzenorientierte Bewertung (Teilwert) zu einer Besteuerung nicht realisierter Gewinne führen könnte. Gleichwohl ist auch der Wert von Daten nach der kostenbasierten Methode ökonomisch unbestritten, sodass ertragsteuerlich im Grundsatz Entsprechendes gelten muss.

Auch hier kommt Daten ein Wert zu, der sich allein auf deren Existenz stützt. Auch wenn die Grenzkosten der Replikation einzelner Daten-sätze regelmäßig gegen null tendieren, anerkennt die ökonomische Theorie, dass die Gesamtkosten der Wertschöpfungskette maßgeblich sind. Hierzu zählen insbesondere die Aufwendungen für die Erstellung, Pflege und Bereitstellung digitaler Infrastrukturen, etwa Server oder Webseiten. Diese Kosten bilden in ihrer Gesamtheit, sofern sie dem Gegenstand einzeln zuordenbar sind, den nach ertragsteuerlichen Maßstäben relevanten Wert.

---

[32] *K. Korn/M. Strahl*, in: Korn (Hrsg.), Einkommensteuergesetz, Stand: 06.2024, § 6 Rn. 190.

Ob und in welchem Umfang dies zu einer Besteuerung von Daten im Rahmen der Einkommen- oder Körperschaftsteuer führt, hängt jedoch entscheidend davon ab, ob Daten überhaupt als Wirtschaftsgüter zu qualifizieren sind und in welchen Fällen das Ansatzverbot des § 5 Abs. 2 EStG einer Aktivierung entgegensteht.[33]

[33] Dies untersucht die Autorin im Rahmen ihres Dissertationsvorhabens mit dem Arbeitstitel: „Ertragsbesteuerung datenbasierter Geschäftsmodelle".

§ 6 Die einkommensteuerrechtliche Erfassung von Pokergewinnen in der Rechtsprechung des BFH

Noah Rauth

I. Einführung

Jüngst hatte der 10. Senat des BFH über die einkommensteuerrechtliche Erfassung von Online-Poker-Gewinnen in der Variante „Pot Limit Omaha" zu entscheiden.[1] Nur zwei Jahre zuvor war bereits ein Urteil zur Variante „Texas Hold'em", ebenfalls in Bezug auf Online-Poker, ergangen.[2] Damit hat der BFH in jüngerer Zeit seiner Rechtsprechungslinie zur einkommensteuerlichen Erfassung von Pokergewinnen zwei Judikate hinzugefügt. Dies gibt Gelegenheit, die Rechtsprechungslinie insgesamt aufzuarbeiten und den status quo zu resümieren.

II. Gewerbliche Einkünfte

Die Steuerbarkeit von Einkünften setzt bekanntlich voraus, dass diese einer der Einkunftsarten des § 2 Abs. 1 S. 1 EStG zuordenbar sind. Im Falle von Spielgewinnen kommen primär gewerbliche Einkünfte i.S.d. § 15 Abs. 1 S. 1 Nr. 1 EStG in Betracht. Nach § 15 Abs. 2 S. 1 EStG bedarf es dafür einer selbständigen, nachhaltigen und mit Gewinnerzielungsabsicht ausgeübten Tätigkeit am Markt, die keine private Vermögensverwaltung ist. Besondere Aspekte im Bereich der Pokergewinne ergeben sich vor allem bezüglich der letzten beiden Tatbestandsmerkmale.

---

1 BFH, Urt. v. 2.4.2025, X R 26/21.

2 BFH, BStBl. II 2023, 811.

1. Betätigung am Markt

Entscheidend für die Betätigung am Markt ist, dass die Tätigkeit „gegen Entgelt und für Dritte äußerlich erkennbar angeboten wird", wobei die Leistung Sach- und Dienstleistungen sowie immaterielle Leistungen umfassen kann.[3] Seit jeher verneint die Rechtsprechung für Wett- und Lotteriegewinne diesen Leistungsaustausch. Erhalte eine Person bloß durch Zufall eine Gewinnsumme, so sei diese nicht mehr als Gegenleistung für ihr Tätigwerden zu werten.[4] Bei Kartenspielen wie Poker greift diese Argumentation nur im Falle eines *Glücksspiels*; sobald das Spiel aber ein *Geschicklichkeitsspiel* ist, wird der Spieler jedenfalls nicht mehr bloß aufgrund des Zufalls vergütet. Geschicklichkeitsspiele können zwar auch vom Zufall bestimmt sein, bei ihnen kann der Spieler allerdings – anders als beim Glücksspiel – zumindest auf die Dauer Einfluss auf das Ergebnis nehmen, weswegen über eine gewisse Anzahl an Spielen hinweg der Spieler mit den besseren Fähigkeiten gewinnt.[5] Beim Poker (und anderen Kartenspielen) erkannte die Rechtsprechung bereits früh, dass es maßgeblich von den Umständen des Falles abhängt, ob die Geschicklichkeits- oder die Glückskomponente überwiegt.

In der ersten Entscheidung hierzu stellte der BFH noch recht apodiktisch fest, dass der Steuerpflichtige – ein Croupier, der die Spiele in dem Salon ausübte, in dem er als solcher angestellt war – „Geschicklichkeitsspiele wie Skat, Rommi und Backgammon" ausübte. Erwähnung findet lediglich die Tatsache, dass monatliche Spielgewinne von 3.000 DM erzielt wurden,[6] womit der BFH insinuiert, dass das Spiel eine entscheidende Geschicklichkeitskomponente enthält, sofern nachhaltig Gewinne damit erzielt werden können. Die erbrachte Leistung sei die Teilnahme am Spiel verbunden mit der Zusage, bei verlorenem Spiel den jeweiligen Einsatz zu erbringen; die Gegenleistung sei das spiegelbildliche Verhalten der anderen Spieler.[7]

---

3 BFH, Urt. v. 7.11.2018, X R 34/16, Rn. 28 (juris).

4 RFHE 21, 244; RFH, RStBl. 1928, 181 f.; BFH, BStBl. II 1970, 411 (412); BStBl. II 1970, 865 (866); Urt. v. 11.11.1993, XI R 48/91, Rn. 13 (juris).

5 BFH, Urt. v. 11.11.1993, XI R 48/91, Rn. 16 (juris).

6 BFH, Urt. v. 11.11.1993, XI R 48/91, Rn. 14 (juris).

7 BFH, Urt. v. 11.11.1993, XI R 48/91, Rn. 15 (juris).

In der darauffolgenden Entscheidung hatte der BFH über Preisgelder des in der Pokerszene bekannten Eduard „Eddy" Scharf für gewonnene Pokerturniere zu befinden.[8] Dort wurde festgestellt, dass Poker sowohl Glücks- als auch Geschicklichkeitselemente enthielte, bereits aber bei durchschnittlichen Spielern die Geschicklichkeitskomponente überwiege. Auf die individuelle Fähigkeit des Spielers käme es für die Teilnahme am wirtschaftlichen Verkehr nicht an.[9] Freilich wurde zuvor als Leistung des Steuerpflichtigen die öffentliche Darbietung der spielerischen Fähigkeiten gegenüber dem Turnierveranstalter, als Gegenleistung das In-Aussicht-Stellen des Preisgeldes bestimmt.[10] Ob es deshalb überhaupt noch darauf ankommt, ob das konkrete Spiel ein Glücksspiel ist, oder ob nicht vielmehr eine Darbietungsleistung einer öffentlich bekannten Person vorliegt, bei der es letztlich nur auf den Unterhaltungsfaktor ankommt, ließ der BFH offen.[11]

Diese Ansicht zum Turnierpoker bestätigten nur wenige Jahre später der 10. sowie der 3. Senat mit im Wesentlichen derselben Begründung.[12] In beiden Fällen ging es aber auch um die steuerliche Erfassung von Gewinnen aus sog. Cash-Games, also Einzelspielen, bei denen die Spieler den Spieltisch nach jeder Runde verlassen und neue Spieler den Tisch betreten können. Jedenfalls kann die Leistung des Steuerpflichtigen bei solchen Cash-Games nicht darin bestehen, dass er eine öffentlichkeitswirksame Darbietung gegenüber einem Veranstalter erbringt, weil Cash-Games – egal ob bei Online- oder bei Präsenzpartien – in der Regel in einem anonymen Umfeld ohne besondere mediale Präsenz stattfinden.[13] In der ersten Entscheidung stellte der BFH deshalb klar, dass Cash-Games gesondert rechtlich bewertet werden müssten. Hierzu fehlten dem BFH allerdings Tatsachenfeststellungen durch das FG zu den Fragen, welche Cash-Games genau praktiziert wurden (Poker, Black Jack und gegebenenfalls weitere)

---

8 Etwaige Gewinne aus Poker-Cash-Games und Online-Poker waren ausdrücklich nicht Gegenstand des Verfahrens, s. BFH, BStBl. II 2016, 48 (Rn. 1.

9 BFH, BStBl. II 2016, 48 Rn. 30 ff.

10 BFH, BStBl. II 2016, 48 Rn. 21.

11 BFH, BStBl. II 2016, 48 Rn. 32.

12 BFH, Urt. v. 7.11.2018, X R 34/16, Rn. 30 ff. (juris); Urt. v. 25.2.2021, III R 67/18, Rn. 17 (juris).

13 So auch später BFH, BStBl. II 2023, 811 Rn. 31; Urt. v. 2.4.2025, X R 26/21, Rn. 33 (juris).

und ob diese Glücksspiele waren, sowie zur konkreten Leistungsbeziehung.[14] In der zweiten Entscheidung begnügte sich das Gericht lediglich mit der Feststellung, dass auch Cash-Game-Poker auf Geschicklichkeit beruhe und deshalb auch bei dieser Variante gewerbliche Einkünfte entstehen könnten. Konkrete Ausführungen, worin genau bei Cash-Games die Leistungsbeziehung liegen soll, fehlen hingegen – die Feststellung, dass Einkünfte durch Cash-Games gewerbliche sind, wenn die „Tätigkeit eines Pokerspielers als gewerblich zu beurteilen" ist,[15] mutet zirkelschlüssig an.

Licht ins Dunkle der Poker-Cash-Games konnten allerdings die jüngeren beiden Entscheidungen des BFH zum Online-Poker in den Varianten „Texas Hold'em" und „Pot Limit Omaha" bringen. In beiden Urteilen bestätigt der BFH nochmals (kurz), dass auch das Online-Cash-Game-Poker in den jeweiligen Varianten ein Geschicklichkeits- und kein Glücksspiel sei.[16] Sodann legt er mit Verweis auf die „Croupier-Entscheidung" dar, dass die Leistung des Steuerpflichtigen darin bestehe, dass er anderen spielgeneigten Personen seine Teilnahme am Spiel sowie, im Falle des Gewinnens der Runde, das Überlassen seines Einsatzes anbiete. Dass das Spiel online und wegen der Benutzernamen anonymisiert stattfinde, sei unerheblich.[17]

Prozessrechtlich ist insgesamt zu beachten, dass der BFH bei der Einordnung als Glücks- oder Geschicklichkeitsspiel sowie der Bestimmung von Leistung und Gegenleistung von einer Tatsachenwürdigung durch das FG ausgeht, an die er nach § 118 Abs. 2 FGO gebunden ist.[18] Deshalb finden sich auch keine umfangreichen Ausführungen etwa zu konkreten Gewinnchancen beim Poker in den Judikaten des BFH.[19] Sobald die Finanzgerichte eine gewisse Geschicklichkeitskomponente beim jeweiligen Spielmodus festgestellt hatten, nahm der BFH diese bisher immer als gegeben.

---

14 BFH, Urt. v. 7.11.2018, X R 34/16, Rn. 38 ff. (juris).

15 Insgesamt BFH, Urt. v. 25.2.2021, III R 67/18, Rn. 17 f. (juris).

16 BFH, BStBl. II 2023, 811 Rn. 29 ff.; Urt. v. 2.4.2025, X R 26/21, Rn. 32, 34 f. (juris).

17 BFH, BStBl. II 2023, 811 Rn. 33 ff.; Urt. v. 2.4.2025, X R 26/21, Rn. 36 (juris).

18 BFH, Urt. v. 11.11.1993, XI R 48/91, Rn. 14 (juris); BStBl. II 2016, 48 Rn. 29 f.; BStBl. II 2023, 811 Rn. 28.

19 Etwas ausführlicher lediglich in BFH, Urt. v. 2.4.2025, X R 26/21, Rn. 34 f. (juris).

2. Keine private Vermögensverwaltung

a. Abgrenzungskriterien

Bei der Abgrenzung zwischen privater Vermögensverwaltung und gewerblicher Tätigkeit verweist der BFH zu Recht darauf, dass die klassische Abgrenzungsformel „Fruchtziehung aus zu erhaltenden Substanzwerten oder Ausnutzung substanzieller Vermögenswerte durch Umschichtung" beim selbständig tätigen Pokerspieler nicht weiterführt. Vielmehr ginge es darum, ob der Steuerpflichtige private Spielbedürfnisse als Hobbyspieler befriedige oder insgesamt strukturell-gewerbliche Aspekte im Vordergrund stünden.[20] Orientieren möchte sich der BFH hierbei am „Leitbild des Berufsspielers".[21] Auch insoweit geht der BFH von einer nach § 118 Abs. 2 FGO bindenden Tatsachenwürdigung aus,[22] nennt aber immerhin einige (weder notwendige noch abschließende) Kriterien, anhand derer diese Würdigung vorgenommen werden kann:

Im Falle des Turnierpokers wurde auf die regelmäßige Teilnahme an Turnieren, die Größe und den Austragungsort der Turniere, den Umfang der erzielten Preisgelder sowie der sog. Buy-Ins (Startgelder), die vertragliche Einkleidung der Turnierteilnahme, die pokerbezogene mediale Präsenz des Spielers sowie den zeitlichen Umfang der Betätigung abgestellt.[23] Für Online-Poker seien diese Maßstäbe aber zu modifizieren, weil jedenfalls die Öffentlichkeitswirksamkeit nicht zum meist anonymen Charakter des Online-Pokers passe.[24] Entscheidend sei vielmehr – anders noch als bei der Betätigung am Markt – die *individuelle Fähigkeit* des Steuerpflichtigen, aufgrund derer eine planmäßige Spielstrategie entwickelt werden könne. Erkennen ließe sich eine solche etwa dadurch, dass der Steuerpflichtige mehrere Partien gleichzeitig sowie insgesamt eine hohe Anzahl an Partien

---

20 BFH, Urt. v. 2.4.2025, X R 26/21, Rn. 39 (juris).

21 BFH, BStBl. II 2023, 811 Rn. 45.

22 BFH, Urt. v. 25.2.2021, III R 67/18, Rn. 19 (juris).

23 BFH, BStBl. II 2016, 48 Rn. 36; BFH, Urt. v. 7.11.2018, X R 34/16, Rn. 37 (juris).

24 BFH, BStBl. II 2023, 811 Rn. 47; Urt. v. 2.4.2025, X R 26/21, Rn. 39 (juris); noch nicht differenzierend hingegen BFH, Urt. v. 25.2.2021, III R 67/18, DStRE 2021, 1349 Rn. 19.

spiele, verschiedener Accounts und Plattformen nutze, insgesamt hohe Einsätze tätige sowie viel Zeit in das Pokerspielen investiere.[25]

b. *Rechtsfolge bei fehlender Gewerblichkeit?*

Sollten diese Kriterien im Einzelfall dazu führen, dass die Gewerblichkeit nicht zu bejahen ist, könnten die Einkünfte aus Pokerspielen dennoch unter den zu § 15 Abs. 1 S. 1 Nr. 1 EStG subsidiären § 22 Nr. 3 S. 1 EStG (Einkünfte aus sonstigen Leistungen) fallen. Der BFH hat hierzu mangels Entscheidungserheblichkeit noch nicht Stellung genommen.[26]

Das Tatbestandsmerkmal der Betätigung am Markt (§ 15 Abs. 2 EStG) und das Tatbestandsmerkmal der Leistung (§ 22 Nr. 3 S. 1 EStG) dürften parallel laufen – in beiden Fällen kommt es auf einen entgeltlichen Leistungsaustausch an.[27] Da der BFH bei der Einordnung als Geschicklichkeitsspiel als Voraussetzung für eine Leistung am Markt allerdings gerade nicht auf die individuelle Fähigkeit des Spielers abstellt, sondern eine Durchschnittsbetrachtung vorgibt,[28] würden sämtliche (auch negative) Einkünfte aus Pokerspielen plötzlich steuerlich erfasst werden, auch wenn der Steuerpflichtige keinerlei Fähigkeiten im jeweiligen Spiel besitzt und demzufolge als klassischer Hobbyspieler agiert.

Da § 22 Nr. 3 S. 1 EStG auch keine nachhaltige Betätigung voraussetzt, ließe sich dieses Ergebnis, welches der BFH augenscheinlich durch seine Rechtsprechung zu Glücksspielgewinnen gerade vermeiden wollte, nur noch durch das Tatbestandsmerkmal der Gewinnerzielungsabsicht einfangen. In der Regel wird der nicht geübte (Hobby-)Spieler auf Dauer wohl Verluste und nur der geübte Spieler Gewinne einfahren können. Im ersteren Fall kann man wegen des Weiterspielens trotz der Verluste die Gewinnerzielungsabsicht verneinen („Liebhaberei"), im letzteren Fall aufgrund tatsächlich vereinnahmter Einkünfte die Gewinnerzielungsabsicht

---

[25] BFH, BStBl. II 2023, 811 Rn. 48 ff.; Urt. v. 2.4.2025, X R 26/21, Rn. 41 (juris).

[26] Kurze Erwähnung aber bei BFH, Urt. v. 11.11.1993, XI R 48/91, Rn. 17 (juris).

[27] *R. Wernsmann/J. Neudenberger*, in: Kirchhof/Kube/Mellinghoff, EStG, 319. EL 11.2021, § 22 Rn. E 101; implizit auch BFH, BStBl. II 2016, 48 Rn. 19; für Turnier- und Cash-Game-Poker auch *F. Meisheit*, FR 2022, 789 (793 f.).

[28] BFH, BStBl. II 2016, 48 Rn. 31.

bejahen.[29] Es ist aber jedenfalls nicht völlig undenkbar, dass die Fälle genau umgekehrt liegen, etwa weil der Hobbyspieler in einem oder gar mehreren Veranlagungszeiträumen aufgrund einer „Glückssträhne" Überschüsse erzielt. Um zu verhindern, dass nun doch Erträge besteuert werden, die aus Sicht des Steuerpflichtigen aus Glücksspielen stammen, oder Verluste aus der privaten Konsumsphäre steuerlich relevant werden,[30] erscheint es sinnvoller, die individuelle Fähigkeit des Spielers bereits bei der Abgrenzung zwischen Glücks- und Geschicklichkeitsspiel zu beachten.[31] Damit fielen die Hobbyspieler generell aus dem Tatbestand des § 22 Nr. 3 S. 1 EStG heraus.

III. Fazit

Der BFH hat sich in seiner Rechtsprechung zum Turnier- und zum Cash-Game-Poker, zu Online- und Präsenzpartien sowie zu verschiedenen Spielvarianten geäußert. Es ist daher davon auszugehen, dass die grundlegenden Fragen der einkommensteuerlichen Erfassung von Pokergewinnen für die Praxis geklärt sind.[32]

Die Vorgaben und die Kontrolldichte des BFH hinsichtlich der Frage, ob ein Geschicklichkeitsspiel vorliegt, sind nicht sonderlich streng. Man kann daher davon ausgehen, dass sämtliche Poker-Varianten sowie andere (Karten-)Spiele, bei denen zumindest auch eine gewisse Fertigkeit das Spielergebnis beeinflusst, zu einer Teilnahme am Markt i.S.d. § 15 Abs. 2 S. 1 EStG führen. Der BFH möchte hier nur offensichtliche Fälle des reinen Glücksspiels ausscheiden, welche richtigerweise in der Konsumsphäre liegen.

Begrenzend und damit entscheidend für die Steuerbarkeit der Pokergewinne ist im Ergebnis, ob der Steuerpflichtige nach der Gesamtschau wie ein Berufs- oder wie ein Hobbyspieler auftritt. Nur wenn ersteres der Fall

---

29 Vgl. etwa *M. Krumm*, in: Kirchhof/Seer, EStG, 24. Aufl. 2025, § 15 Rn. 35.

30 Letztere Problematik dürfte in der Praxis wegen der Verlustverrechnungsbeschränkung des § 22 Nr. 3 S. 3 Ts. 1 EStG allerdings nicht allzu groß sein.

31 So auch *F. Meisheit*, FR 2022, 789 (792 f.).

32 *E. Kulosa*, jM 2023, 481 (483).

ist, sind die Erträge (positiv wie negativ) steuerlich relevant. Die gegebenenfalls schwierigen Abgrenzungsfragen sind zwar Tatsachenfragen, der BFH hat dennoch einige abgrenzungsrelevante Kriterien benannt.[33]

Ein gutes Indiz für die Steuerbarkeit von Spielgewinnen dürfte zwar sein, ob ein Spieler nachhaltig, d.h. über mehrere Veranlagungszeiträume hinweg Gewinne oder Verluste erzielt. Denn nur im ersteren Fall spricht vieles dafür, dass es sich nicht um ein Glücksspiel handelt. Dies bedeutet freilich nicht, dass dieses Kriterium das einzig entscheidende sein darf – auch beim professionellen Spieler können Anlaufverluste oder längere Verlustphasen eintreten,[34] auch beim Hobbyspieler Zufallsgewinne anfallen.

---

33 Zu Abgrenzungsschwierigkeiten in Einzelfällen s. ebd.

34 Vgl. ebd.

§ 7 Die steuerliche Behandlung sog. Ökowertpapiere*

Milena Dietz/Ekkehart Reimer

I. „Ökowertpapiere"

Wie vielfältig die Instrumente zur Deckung des staatlichen Finanzbedarfs sind, zeigt das Beispiel sog. Ökowertpapiere. Dabei handelt es sich nicht um Wertpapiere im technischen Sinne[1], sondern um informelle Zertifikate, mit denen die öffentliche Hand den Empfang einer Geldleistung quittiert, die zur Finanzierung sog. Öko-Systemdienstleistungen – also von Maßnahmen des Natur- und Klimaschutzes – verwendet wird: zur Finanzierung von Projekten Dritter zur Aufforstung von Wald, zur Wiedervernässung von Mooren bzw. zur Pflanzung und Pflege von Obstbäumen oder Hecken. Die Ökowertpapiere nehmen nicht am sog. *Compliance*-Markt teil, auf dem der europäische bzw. der nationale Emissionshandel stattfindet.

Der Beitrag widmet sich zunächst der Zulässigkeit staatlicher Wirtschaftstätigkeit im Allgemeinen (II.), ordnet sodann den Verkauf von Ökowertpapieren zivilrechtlich ein (III.) und zeichnet schließlich die daraus folgenden gewinn- und ertragsteuerlichen (IV.) Konsequenzen nach. Die Schenkungsteuer wird wegen § 13 Abs. 1 Nr. 15 ErbStG nicht behandelt.

II. Zulässigkeit staatlicher Wirtschaftstätigkeit

Das Grundgesetz enthält keine ausdrücklichen Regelungen über Umfang und Grenzen nichtsteuerlicher Einnahmen der öffentlichen Hand. Es er-

---

* Dem Beitrag liegen ein umfangreiches Institutsgutachten und eine universitätsöffentliche Diskussionsveranstaltung aus dem WS 2023/24 zugrunde.

1 §§ 232 ff., 793 ff. BGB, 2 Abs. 1 WpHG etc.

kennt zwar an, dass es neben Steuern und Abgaben auch andere Einnahmeformen gibt,[2] ist zugleich aber durch das Steuerstaatsprinzip geprägt, das einen grundsätzlichen Vorrang der Finanzierung der Staatsaufgaben durch Steuern vor der Erschließung anderweitiger staatlicher Einnahmen vorgibt. Es begrenzt nicht nur die Erhebung und Vereinnahmung nichtsteuerlicher Abgaben, sondern auch die Erzielung von Einnahmen durch rechtsgeschäftliches (privatrechtliches) Staatshandeln.

Namentlich die durch Art. 12 Abs. 1 GG geschützte private Wettbewerbsfreiheit und -gleichheit stellen staatliches Erwerbshandeln unter ein grundsätzliches Rechtfertigungserfordernis; aus ihnen folgen zugleich prozedurale Pflichten für die Bestimmung und laufende Überprüfung des jeweiligen Zwecks[3]. Als Zweck kommt dabei der Fiskalzweck wegen seiner mangelnden Konturen nicht in Betracht; abzustellen ist vielmehr auf nichtmonetäre, also gleichsam operative Zwecke.

Zu diesen Zwecken zählen namentlich ideelle Zwecke von Verfassungsrang. Das Erbringen von Ökosystemdienstleistungen ist ein solcher Zweck (Art. 20a GG). Durch das Angebot von Ökowertpapieren wird auf eine besonders eindringliche, weil auch auf privates – hier: finanzielles – Engagement setzende Weise die Notwendigkeit staatlicher Klimaschutzmaßnahmen in der Fläche, insbesondere in vorgefundenen naturräumlichen Umgebungen, verdeutlicht. Die Einnahmenerzielung kann für den Staat als Instrument der Aufmerksamkeitslenkung dienen. Sie ist im weiteren Sinne dem koedukatorischen Staatshandeln zuzurechnen und stärkt damit den Sachzweck Klimaschutz. Damit ist die Durchbrechung des Steuerstaatsprinzips hinreichend gerechtfertigt. Die hier ins Werk gesetzte Einnahmeerzielung steht mit dem Grundgesetz in Einklang.

III. Entgeltlichkeit der Verträge

Um die Ökowertpapiere steuerlich einordnen zu können, bedarf zunächst die zentrale Frage der Klärung, ob der „Verkauf" der Ökowertpapiere

---

[2] Etwa Art. 111 Abs. 2 GG.

[3] Dazu insgesamt zuletzt *T. Helm*, Der öffentliche Zweck. Die Rechtfertigung öffentlicher Unternehmen, 2022.

durch die emittierende Gebietskörperschaft entgeltlich ist. Denn die Entgeltlichkeit ist Voraussetzung für einen Betrieb gewerblicher Art (BgA) i.S.d. KStG sowie für einen Gewerbebetrieb i.S.d. GewStG.

1. Anspruch auf Durchführung der Projekte

Ungeachtet ihrer Bezeichnungen handelt es sich bei den Ökowertpapieren zivilrechtlich nicht um Wertpapiere, Gesellschaftsanteile, Futures, Genussscheine oder Schecks. Ob ein Anspruch der Erwerber von Ökowertpapieren gegen die emittierende Gebietskörperschaft auf Durchführung der Natur- und Klimaschutzprojekte besteht, ist daher in erster Linie anhand des Wortlauts der Verträge zu beurteilen. Dieser war vorliegend in manchen Fällen uneindeutig. Im Rahmen einer Auslegung der entsprechenden Verträge nach §§ 133, 157 BGB ist der objektive Empfängerhorizont maßgeblich; Empfänger ist der Erwerber des Ökowertpapiers.

Unabdingbar dafür, dass der Erwerber einen solchen vertraglichen Anspruch erwirbt, ist die hinreichende vertragliche Bestimmung (Bezeichnung) eines konkreten Natur- oder Klimaschutzprojekts als *essentiale negotii*. Im Übrigen kommt es auf Indizien an. Ist das Projekt abgeschlossen, liegt in der Überlassung von Mitteln also nur ein nachträglicher Beitrag zur Kostendeckung, spricht das gegen die Vereinbarung eines Anspruchs. Dagegen ist ein materielles oder ideelles, insbesondere betriebliches Eigeninteresse des Investors an einer noch nicht abgeschlossenen Natur- oder Klimaschutzmaßnahme ein Indiz für das Bestehen eines solchen Anspruchs. Ein derartiges Eigeninteresse kann, wenn es sich um unternehmerische Erwerber handelt, darin liegen, dass diese die mit den Ökowertpapieren verbundenen Emissionsreduktionen in der eigenen Klimabilanz geltend machen könnten.

Fraglich ist deshalb, ob eine solche Kompensation eigener Treibhausgasemissionen auf dem sog. freiwilligen Kohlenstoffmarkt (in Abgrenzung zum *Compliance*-Markt) durch Kauf der Ökowertpapiere erlaubt ist. Art. 6 Abs. 2 des Übereinkommens von Paris schreibt für die grenzüberschreitende Übertragung der Ergebnisse von Treibhausgasminderungen vor, dass deren Berücksichtigung in beiden Ländern (sog. Doppelzählungen) zu vermeiden ist. Dies kann durch sog. *corresponding adjustments* gewährleistet werden. Das heißt, dass das Projektland die erzielten Emissionsreduktionen nicht in seiner eigenen nationalen Klimabilanz verbuchen darf, wenn Zertifikate über dieses Projekt von ausländischen Staaten bzw. Unternehmen erworben werden, die die Einsparungen selbst bilanzieren.[4] Demgegenüber gibt es für den freiwilligen Kompensationsmarkt bisher keine endgültige Lösung – mögliche Alternativen sind auch hier *corresponding adjustments* oder aber das Modell der sog. *contribution claims*, bei denen der Erwerber die Emissionsreduktionen nicht in seiner Klimabilanz anführt, sondern nur angibt, einen Beitrag zum Klimaschutz geleistet zu haben.[5]

Für den freiwilligen Markt ist in der EU die Richtlinie zur Nachhaltigkeitsberichterstattung von Unternehmen (CSRD)[6] zu berücksichtigen.[7] Ergänzend wurde von der Europäischen Kommission eine Delegierte Verordnung[8] erlassen, deren Anhang I die Europäischen Standards für die Nachhaltigkeitsberichterstattung (ESRS) enthält. Nach Anhang II zu den ESRS ist eine sog. CO_2-Gutschrift, die zur Kompensation von Treibhausgasemissionen genutzt wird, „ein übertragbares oder handelbares Instrument, das eine Tonne CO_2-Äquivalent Emissionsreduktion oder -entnahme darstellt

4 Stiftung Allianz für Entwicklung und Klima, Infosheet. Corresponding Adjustment und Contribution Claim, Februar 2023: https://allianz-entwicklung-klima.de/wp-content/uploads/2023/02/2302_Corresponding-Adjustment-und-Contribution-Claim.pdf (letzter Aufruf 23.08.2025).

5 Ebd.

6 Richtlinie (EU) Nr. 2022/2464 des Europäischen Parlaments und des Rates v. 14.122022 zur Änderung der Verordnung (EU) Nr. 537/2014 und der Richtlinien 2004/109/EG, 2006/43/EG und 2013/34/EU hinsichtlich der Nachhaltigkeitsberichterstattung von Unternehmen, ABl. Nr. L 322, 15.

7 Die Richtlinie hätte bis zum 6. Juli 2024 in nationales Recht umgesetzt werden müssen, in Deutschland liegt bisher indes erst ein Referentenentwurf vor. Siehe zum Stand des Gesetzgebungsverfahrens https://www.bmjv.de/SharedDocs/Gesetzgebungsverfahren/DE/2025_CSRD-UmsG.html (letzter Aufruf 23.08.2025). Die Europäische Kommission hat deswegen ein Vertragsverletzungsverfahren gegen Deutschland eingeleitet. Europäische Kommission, EU-Kommission eröffnet zwei Vertragsverletzungsverfahren gegen Deutschland, 26.09.2024, https://germany.representation.ec.europa.eu/news/eu-kommission-eroffnet-zwei-vertragsverletzungsverfahren-gegen-deutschland-2024-09-26_de (letzter Aufruf 08.08.2025).

8 Delegierte Verordnung (EU) 2023/2772 der Kommission v. 31.7.2023 zur Ergänzung der Richtlinie 2013/34/EU des Europäischen Parlaments und des Rates durch Standards für die Nachhaltigkeitsberichterstattung, ABl. L 2772, 1. Die Verordnung wurde auf der Grundlage des Art. 29b Abs. 1 UAbs. 1 der RL 2013/34/EU (in der Fassung der RL 2022/2464) erlassen.

und nach anerkannten Qualitätsstandards ausgegeben und überprüft wird". Anerkannte Qualitätsstandards müssen u.a. die Vermeidung von Doppelzählungen sicherstellen. Für die hier untersuchten Ökowertpapiere sind keine *corresponding adjustments* vorgesehen. Daher eignen sich die Ökowertpapiere nicht für die Kompensation von Treibhausgasemissionen und stellen keine CO_2-Gutschriften im EU-rechtlichen Sinne dar.

Vorausgesetzt, die Erwerber der Ökowertpapiere sind vom Anwendungsbereich der CSRD umfasst, dürfte indes die allgemeine Angabe, einen Beitrag zum Klimaschutz geleistet zu haben (ähnlich einem *contribution claim*), im Rahmen der Strategien im Zusammenhang mit dem Klimaschutz (ESRS E1-2) und im Rahmen der Maßnahmen und Mittel im Zusammenhang mit den Klimastrategien (ESRS E1-3) zulässig sein. Auch der deutsche Referentenentwurf zur Richtlinienumsetzung sieht vor, in § 289b HGB eine Pflicht zur Erstellung eines Nachhaltigkeitsberichts für bestimmte Kapitalgesellschaften zu normieren. Nach § 289c Abs. 2 Nr. 1 lit. c HGB-E wäre dort u.a. anzugeben, auf welche Art und Weise die Gesellschaft die Vereinbarkeit ihres Geschäftsmodells mit dem 1,5 Grad-Ziel und dem Ziel der Klimaneutralität bis 2050 sicherstellen will.

Über den Eingang der Ökowertpapiere in den Nachhaltigkeitsbericht hinaus kann die allgemein gehaltene Werbung mit der Tatsache, einen positiven Beitrag zum Klimaschutz geleistet zu haben, das Image der Unternehmen verbessern und ihnen so Vorteile bei ihren Kunden, bei der Finanzierung und bei der Anwerbung von Arbeitskräften verschaffen. Solche positiven wirtschaftlichen Effekte sind zwar nur schwer messbar. Nichtsdestotrotz begründen sie einen wirtschaftlichen Wert für die Unternehmen.

Daneben tritt der ideelle Wert, den die Verwirklichung von Natur- und Klimaschutzprojekten für die Erwerber der Ökowertpapiere hat. Denn den Erwerbern wird in der Regel daran gelegen sein, dass durch die von ihnen gezahlten Gelder tatsächlich Natur und Klima geschützt werden.

Insgesamt indiziert die dargestellte – wirtschaftliche und ideelle – Werthaltigkeit der Natur- und Klimaschutzprojekte für unternehmerische Erwerber von Ökowertpapieren, dass diese einen Anspruch gegen die emittierende Gebietskörperschaft auf Durchführung der Projekte haben.

Handelt es sich bei den Erwerbern hingegen um Privatpersonen, würden der Aspekt der Angabe, einen Beitrag zum Klimaschutz geleistet haben, und der Aspekt der Imagepflege weitgehend entfallen. Es bliebe der ideelle

Wert. Hier muss im Einzelfall anhand der Ausgestaltung des Vertrags entschieden werden, ob der private Erwerber einen Anspruch auf Durchführung der Natur- und Klimaschutzprojekte erlangt. Nachfolgend wird von unternehmerischen Erwerbern ausgegangen.

2. Schenkung unter Auflage?

Für die steuerrechtlichen Einordnungen ist weiterhin die zivilrechtliche Vorfrage von Bedeutung, ob dem Erwerb der Ökowertpapiere (voll-)entgeltliche Austauschverträge, etwa in Form von Werk- (§ 631 BGB) oder Dienstverträgen (§ 611 BGB), oder aber Schenkungen unter Auflage (§ 525 BGB) zugrunde liegen. Denn ertragsteuerrechtlich würde eine Schenkung unter Auflage wie ein teilentgeltlicher Vertrag behandelt:[9] Der Erlös wäre in einen entgeltlichen und einen unentgeltlichen Teil aufzuteilen.

Eine Schenkung (unter Auflage) setzt zwar nicht voraus, dass eine Bereicherung des Beschenkten Hauptzweck der Zuwendung ist.[10] Gleichwohl wird verlangt, dass dem Beschenkten nach dem subjektiven Parteiwillen zumindest eine geringfügige Bereicherung verbleiben soll.[11]

Da mit dem Erlös aus dem Verkauf von Ökowertpapieren *zukünftige* Projekte finanziert werden sollen, kommt es nach dem subjektiven Parteiwillen nicht etwa schon deshalb zu einer Bereicherung der emittierenden Gebietskörperschaft, weil die entsprechenden Zahlungsverpflichtungen gegenüber den Projektträgern bzw. Landwirten bereits entstanden wären. Dem Emittenten würden allerdings objektiv Aufwendungen erspart und er wäre bereichert, wenn er zukünftige Zahlungsverpflichtungen *unabhängig* von einem Verkaufserlös eingehen würde. Dies müsste indes im konkreten Fall auch vom subjektiven Parteiwillen umfasst sein, damit der Vertrag als Schenkung unter Auflage qualifiziert werden könnte.

Ist hingegen keine – subjektiv bezweckte – Bereicherung der emittierenden Gebietskörperschaft gegeben, liegt ein vollentgeltlicher Austauschvertrag vor. Davon ist nachfolgend auszugehen.

---

9 BFH, BStBl. II 1990, 847 (853).

10 *J. D. Harke*, in: Gsell/Krüger/Lorenz/Reymann, BeckOGK, Stand: 07.2025, § 525 BGB Rn. 10.

11 *M. Gehrlein*, in: Hau/Poseck, BeckOK BGB, Stand: 05.2025, § 525 Rn. 3.

IV. Konsequenzen für die Gewinn- und Ertragsbesteuerung

1. Körperschaftsteuer

Die Entgeltlichkeit der Ökowertpapier-Verträge könnte dazu führen, dass ein körperschaftsteuerpflichtiger BgA der emittierenden Gebietskörperschaft nach § 4 KStG entsteht. Denn der aus der Entgeltlichkeit folgende Leistungsaustausch zwischen Emittenten und Erwerbern der Ökowertpapiere begründet eine wirtschaftliche Tätigkeit zur Erzielung von Einnahmen i.S.d. § 4 Abs. 1 Satz 1 KStG.

Ein BgA setzt daneben eine Einrichtung, Nachhaltigkeit und Gewerblichkeit voraus. Letztere ist zu Tätigkeiten der Land- und Forstwirtschaft abzugrenzen. Eine eigene land- oder forstwirtschaftliche Tätigkeit des Emittenten liegt nicht vor, wenn dieser lediglich – wie hier – gemeinsam mit Flächeneigentümern Natur- und Klimaschutzprojekte entwickelt, die aber von den Eigentümern durchgeführt werden.

Auch müsste sich die Tätigkeit gem. § 4 Abs. 1 Satz 1 KStG innerhalb der Gesamtbetätigung der emittierenden Gebietskörperschaft wirtschaftlich herausheben. Dies ist der Fall, wenn die Einnahmen einer natürlichen Person eine „bescheidene Existenzmöglichkeit" geben würden.[12] Wenngleich keine starren Umsatzgrenzen bestehen,[13] geht die Finanzverwaltung von einem wirtschaftlichen Herausheben aus, wenn der Jahresumsatz i.S.d. § 1 Abs. 1 Nr. 1 UStG 45.000 Euro nachhaltig übersteigt.[14] Ein Übersteigen des Jahresumsatzes von 130.000 Euro führt indes stets zu einer wirtschaftlichen Selbständigkeit.[15]

Der Verkauf der Ökowertpapiere dürfte gem. § 4 Abs. 5 Satz 1 KStG auch nicht überwiegend der Ausübung öffentlicher Gewalt (sog. Hoheitsbetrieb) dienen. Die Ausübung öffentlicher Gewalt ist eine Tätigkeit, die öffentlichen Hoheitsträgern „eigentümlich und vorbehalten" ist.[16] Ein Indiz

---

[12] BFH, BStBl. III 1957, 146 (147).

[13] BFH, BStBl. II 2017, 834 (835).

[14] KStR 2022, R 4.1, Abs. 5 Sätze 1, 2.

[15] KStR 2022, R 4.1, Abs. 4 Satz 2.

[16] BFH, BStBl. II 2010, 502 (503); BStBl. II 2012, 837 (837).

dafür ist die Durchführung von Pflicht- oder Sollaufgaben.[17] Es liegt jedoch kein Hoheitsbetrieb vor, wenn sich die Tätigkeit ihrem Inhalt nach von der Tätigkeit privatwirtschaftlicher Unternehmen nicht wesentlich unterscheidet.[18] Der Klimaschutz und die Minderung von Treibhausgasen sind zwar öffentliche Aufgaben. Unabhängig von dieser abstrakten Zielsetzung wird die konkrete Tätigkeit der Emission von Zertifikaten – außerhalb des *Compliance*-Marktes – indes genauso von privatwirtschaftlichen Unternehmen durchgeführt. Sie ist öffentlichen Hoheitsträgern daher nicht eigentümlich und vorbehalten, sodass es sich nicht um einen Hoheitsbetrieb handelt.

Liegt danach ein BgA vor, wäre die emittierende Gebietskörperschaft dennoch bei Erfüllung der Voraussetzungen des § 5 Abs. 1 Nr. 9 Satz 1 KStG wegen Gemeinnützigkeit von der Körperschaftsteuer befreit. Ein gemeinnütziger Zweck wäre gem. § 52 Abs. 2 Satz 1 Nr. 8 AO jedenfalls gegeben: Der Verkauf der Ökowertpapiere verfolgt den Zweck der „Förderung des Naturschutzes und der Landschaftspflege im Sinne des Bundesnaturschutzgesetzes und der Naturschutzgesetze der Länder [sowie] des Umweltschutzes, einschließlich des Klimaschutzes“.[19]

2. Gewerbesteuer

Eine Gewerbesteuerpflicht des Emittenten setzt gem. § 2 Abs. 1 GewStG voraus, dass es sich um einen Gewerbebetrieb handelt. Auch Unternehmen von juristischen Personen des öffentlichen Rechts fallen gem. § 2 Abs. 1

---

[17] *V. Pfirrmann*, in: Brandis/Heuermann, Ertragsteuerrecht, 175. EL 02.2025, § 4 KStG Rn. 91.

[18] BFH, BStBl. II 2010, 502 (503); BStBl. II 2012, 837 (837).

[19] Die Steuerbefreiung gälte wiederum nicht, wenn der Verkauf der Ökowertpapiere einen wirtschaftlichen Geschäftsbetrieb i.S.d. § 5 Abs. 1 Nr. 9 Satz 2 KStG i.V.m. § 14 Sätze 1, 2 AO begründen würde. Der Begriff des wirtschaftlichen Geschäftsbetriebs entspricht im Wesentlichen dem Begriff des BgA, setzt aber zusätzlich eine selbstständige Tätigkeit voraus. Umstritten ist, wie das Merkmal der Selbständigkeit in § 14 Satz 1 AO zu verstehen ist. Im Schrifttum (so z.B. *R. Seer*, in: Tipke/Kruse, AO/FGO, 161. EL 06.2020, § 14 AO Rn. 7) wird darunter meist eine persönliche Selbständigkeit i.S.v. Entscheidungsfreiheit und einer Tätigkeit auf eigene Rechnung und Gefahr verstanden, während die Rechtsprechung (BFH, BStBl. II 1984, 451 (452); BStBl. II 2019, 392 (393)) darunter sachliche Selbständigkeit i.S.e. Unabhängigkeit der Betätigung von der übrigen Tätigkeit versteht. Zum Streitstand *U. Koenig*, in: Koenig, AO, 5. Aufl. 2024, § 14 Rn. 11.

Satz 1 GewStDV darunter, wenn sie die Voraussetzungen eines BgA erfüllen und stehende Gewerbebetriebe gem. § 15 Abs. 2 EStG sind.[20] Letzteres erfordert – über das Körperschaftsteuerrecht hinaus – eine Gewinnerzielungsabsicht und eine Beteiligung am allgemeinen wirtschaftlichen Verkehr.[21]

Einer Gewinnerzielungsabsicht der emittierenden Gebietskörperschaft steht nicht entgegen, dass nach dem übereinstimmenden Parteiwillen keine dauerhafte Bereicherung der öffentlichen Hand gewollt ist. Eine Beteiligung am allgemeinen wirtschaftlichen Verkehr ist beim Verkauf der Ökowertpapiere gegeben, da auf dem Markt eine Tätigkeit gegen Entgelt erbracht und für Dritte äußerlich erkennbar angeboten wird.[22]

V. Resümee

Der „Verkauf“ von Ökowertpapieren wirft eine Reihe von interessanten staats-, umwelt-, zivil- und steuerrechtlichen Fragen auf. Dem Grunde nach ist er zulässig. Das Angebot von Ökowertpapieren durch den Staat dient dem Zweck des Umweltschutzes (Art. 20a GG). Damit ist die Durchbrechung des Steuerstaatsprinzips hinreichend gerechtfertigt.

Allerdings sind Ökowertpapiere nicht zur freiwilligen Kompensation von Treibhausgasemissionen geeignet. Dennoch wohnen ihnen sowohl ein wirtschaftlicher Wert (Nachhaltigkeitsbericht, Image) als auch ein ideeller Wert (Natur- und Klimaschutz) inne, die einen Anspruch unternehmerischer Erwerber auf Durchführung der Natur- und Klimaschutzprojekte indizieren. Soweit deshalb ein derartiger Anspruch besteht, sind die Verträge steuerrechtlich als vollentgeltliche Verträge zu behandeln. Dies führt im Körperschaftsteuerrecht zu einem Betrieb gewerblicher Art, wenn bestimmte Umsatzgrenzen überschritten werden. Handelt die emittierende Gebietskörperschaft mit Gewinnerzielungsabsicht, unterliegt der Ertrag zudem der Gewerbesteuer.

---

20 R 2.1 Abs. 6 Satz 1 GewStR 2009.

21 *K.-D. Drüen*, in: Brandis/Heuermann, Ertragsteuerrecht, 170. EL 12.2023, § 2 GewStG Rn. 92.

22 Dazu BFH, BStBl. II 2009, 533 (535).

§ 8 Ausnahmsweise ermäßigt – Zu den Ermäßigungstatbeständen im deutschen Umsatzsteuerrecht

Johanna Wiegand

I. Aktueller Anlass: Dauerhafte Ermäßigung in der Gastronomie

Die Koalitionsparteien haben sich darauf geeinigt, mit Wirkung zum 1. Januar 2026 die Umsatzsteuer auf Restaurationsumsätze, mit Ausnahme von Getränken, dauerhaft zu senken.[1] Bereits zwischen 2020 und 2023 waren diese Umsätze im Zuge der Covid-19-Pandemie ermäßigt besteuert gewesen.

Damit wird der ohnehin umfangreiche Katalog des § 12 Abs. 2 UStG um einen weiteren Ermäßigungstatbestand ergänzt. § 12 Abs. 1 UStG normiert den allgemeinen Steuersatz, Abs. 2 enthält demgegenüber die Ausnahmetatbestände, etwa für Grundnahrungsmittel, kulturelle Leistungen oder bestimmte landwirtschaftliche Leistungen. Die Umsatzsteuer zählt dabei zu den aufkommensstärksten Einnahmequellen des Staates. So lag ihr Aufkommen im Jahr 2024 bei rund 228,7 Mrd. Euro.[2] Zugleich führen die zahlreichen Ermäßigungen zu erheblichen Mindereinnahmen. Allein für die dauerhafte Ermäßigung in der Gastronomie geht die Bundesregierung für den Zeitraum von 2026 bis 2029 von Mindereinnahmen in Höhe von 14,5 Milliarden Euro aus.[3]

---

1 Referentenentwurf des Bundesministeriums der Finanzen – Entwurf eines Steueränderungsgesetzes 2025, S. 31.

2 Steuereinnahmen aus der Umsatzsteuer bis 2024| Statista: https://de.statista.com/statistik/daten/studie/235794/umfrage/einnahmen-aus-der-umsatzsteuer/ (le 02.10.2025).

3 Schriftliche Fragen mit den in der Woche vom 24. Februar 2025 eingegangenen Antworten der Bundesregierung, BT- Drucks. 20/15078, S. 11.

Ursprünglich dienten die Ermäßigungen sozial- und kulturpolitischen Gründen. Sie sollten die Steuerbelastung auf Güter des Grundbedarfs mindern und den Zugang zu kulturellen Leistungen erleichtern. Inzwischen zeigt sich jedoch, dass die Ermäßigungen zunehmend auch wirtschafts- oder branchenspezifischen Zwecken dienen. Deutlich wird dies etwa bei den Begünstigungen für Beherbergungsleistungen, § 12 Abs. 2 Nr. 11 UStG. Der Beitrag nimmt die geplante dauerhafte Ermäßigung für Restaurationsumsätze daher zum Anlass, die Entwicklung und Systematik der Umsatzsteuerermäßigungen in den Blick zu nehmen. Er gibt einen Überblick über die historische Zielsetzung, die unions- und verfassungsrechtlichen Rahmenbedingungen und unterzieht ausgewählte Ermäßigungstatbestände einer kritischen Würdigung.[4]

II. Grundlagen und europäischer Vergleich

Mit dem Umsatzsteuergesetz von 1967 wurde in Deutschland die Allphasen-Netto-Umsatzsteuer mit Vorsteuerabzug eingeführt. Sie erfasst die auf jeder Wirtschaftsstufe entstehende Wertschöpfung, entlastet jedoch durch den Vorsteuerabzug die jeweils vorangegangen Umsätze. Dadurch wird eine Kumulation der Steuer vermieden und die Belastung trifft wirtschaftlich ausschließlich den Endverbraucher.

Seit Inkrafttreten des Gesetzes stellt § 12 UStG die zentrale Vorschrift zur Bestimmung der Steuersätze dar. Der allgemeine Steuersatz beträgt gem. § 12 Abs. 1 UStG derzeit 19 %, der ermäßigte gem. § 12 Abs. 2 UStG 7 %. Mit § 12 Abs. 3 UStG wurde zum 1. Januar 2023 erstmals ein sog. Nullsteuersatz eingeführt, der für bestimmte Photovoltaikanlagen gilt. Durch das Zweite Corona-Steuerhilfegesetz wurden die Steuersätze temporär vom 1. Juli bis 31. Dezember 2020 auf 16 % und 5 % gesenkt, § 28 Abs. 1, 2 UStG.

[4] Eine aktuelle (ökonomische) Bewertung findet sich bei *F. Heinemann et. al.*, ZEW – Leibniz-Zentrum für Europäische Wirtschaftsforschung, Analyse und Bewertung des Systems der Umsatzsteuersätze unter Berücksichtigung von Wettbewerbs- und Abgrenzungsaspekten, Studie im Auftrag des Bundesministeriums der Finanzen, 2025. Die Autorin war an der Erstellung des Gutachtens beteiligt.

Bei Einführung der Allphasen-Netto-Umsatzsteuer mit Vorsteuerabzug lag der allgemeine Steuersatz noch bei 10 %. Er ist seitdem insgesamt sechsmal in Schritten von jeweils einem Prozentpunkt angehoben worden. Die Erhöhung im Jahr 2007 war die erste, die mit drei Prozentpunkten deutlich höher ausfiel.[5] Der ermäßigte Steuersatz hingegen ist mit Ausnahme der temporären Senkung während der Covid-19 Pandemie seit 1983 nicht mehr verändert worden.

Mit diesen Steuersätzen befindet sich Deutschland im europäischen Vergleich im unteren Mittelfeld. Der durchschnittliche allgemeine Steuersatz liegt in der EU bei 21,8 %. Länder wie Ungarn (27 %), Finnland (25,5 %) und Schweden (25 %) weisen deutlich höhere Steuersätze auf, während Luxemburg mit 16 % den niedrigsten allgemeinen Satz erhebt. Auch beim ermäßigten Steuersatz liegt Deutschland mit 7 % im europäischen Mittelfeld. Luxemburg (3 %), Frankreich (5,5 %) und Belgien (6 %) wenden niedrigere, Österreich (10 % bzw. 13 %) und die Niederlande (9 %) höhere ermäßigte Steuersätze an. Dänemark wendet als einziger Mitgliedstaat keinen ermäßigten Steuersatz, sondern nur einen allgemeinen Steuersatz von 25 % an.

III. Ursprüngliche Zielsetzung und Entwicklung der Ermäßigungen

Bereits in den Beratungen zum Umsatzsteuergesetz 1967 wurde deutlich, dass der Gesetzgeber bei bestimmten Leistungen eine vollständige Belastung mit dem damals vorgesehenen allgemeinen Steuersatz von 10 % vermeiden wollte. Der Finanzausschuss des Deutschen Bundestages führte hierzu aus, dass die Anwendung des vollen Steuersatzes in einzelnen Bereichen zu nicht zu verantwortenden Preiserhöhungen oder, falls die Abnehmer erhöhte Preise nicht akzeptierten, zu einer nicht vertretbaren Gewinnschmälerung der Unternehmen führen würden.[6] Für diese Fälle empfahl der Ausschuss die Einführung eines halbierten Steuersatzes. Allgemeiner Gedanke der Ermäßigungen ist daher die Herstellung sozialer Ausge-

---

5 *H. Nieskens*, in: Rau/Dürrwächter, UStG, 213. EL 2024, § 12 Rn. 1.

6 Bericht des Finanzausschusses, BT-Drucks. V/1581 zu 3 c.

wogenheit. Die Umsatzsteuer belastet ausschließlich den privaten Endverbraucher, ohne dessen persönliche Verhältnisse zu berücksichtigen. Dadurch sinkt die relative Steuerbelastung mit steigendem Einkommen, während einkommensschwächere Haushalte einen größeren Anteil ihres Einkommens für umsatzsteuerpflichtige Güter aufwenden müssen.[7] Auch Personen unterhalb des steuerlich anerkannten Existenzminimums werden von der Umsatzsteuer erfasst. Der ermäßigte Steuersatz soll diesen regressiven Wirkungen entgegenwirken und den Zugang zu Gütern des Grundbedarfs erleichtern. Auch kultur- und bildungspolitische Erwägungen wurden dabei berücksichtigt. Leistungen wie Bücher, Zeitung oder Theaterbesuche sollten für die breite Bevölkerung erschwinglich bleiben und damit die gesellschaftliche Teilhabe sichern. In diesem Zusammenhang wird daher auch von der Sicherung eines „sozio-kulturellen Minimums" gesprochen.[8] Für die Ermäßigung bestimmter Umsätze in der Landwirtschaft wurden Wettbewerbsgründe angeführt, um eine Gleichheit zu den Landwirten, die sich für die Durchschnittsbesteuerung nach § 24 UStG entschieden haben, zu erreichen.[9] Im Laufe der Jahre wurde der Katalog stetig erweitert. Neue Ermäßigungstatbestände kamen hinzu, während ältere, deren ursprüngliche Zielsetzung an Bedeutung verloren hat, beibehalten wurden. Ein Beispiel hierfür ist etwa die fortbestehende Ermäßigung für Heimtierfutter. Sie beruhte ursprünglich auf der agrarpolitischen Erwägung, die Landwirtschaft nach Abschaffung der Umsatzsteuerbefreiung vor Preissteigerungen zu schützen. Heute werden Heimtierprodukte jedoch nahezu ausschließlich industriell hergestellt und über den Einzelhandel vertrieben, weswegen etwa der Bundesrechnungshof nicht mehr von einer tragfähigen Begründung ausgeht.[10]

---

[7] Vgl. *A. Kruhl*, BB 2010, 2798 (2802).

[8] Bundesministerium der Finanzen v. 30.10.2007, Bericht über die Anwendung des ermäßigten Umsatzsteuersatzes, UR 2007, S. 930.

[9] Bundesrat, 1967, Plenarprotokoll 309. Sitzung, S. 78.

[10] Bundesrechnungshof, Bericht nach § 99 BHO über den ermäßigten Umsatzsteuersatz, 28.06.2010, S. 20.

IV. Unionsrechtlicher Rahmen

Das deutsche Umsatzsteuerrecht ist nahezu vollständig harmonisiert. Zentrale Grundlage bildet die Mehrwertsteuersystemrichtlinie aus dem Jahr 2006, welche die bis dahin geltenden Richtlinien im Bereich der Mehrwertsteuer bündelte. Ziel der Harmonisierung ist die Sicherung der Wettbewerbsneutralität im Binnenmarkt und die Vermeidung von Steuerverzerrungen zwischen den Mitgliedstaaten.

1. Bestimmungslandprinzip und Gestaltungsspielraum der Mitgliedstaaten

Für die Höhe der Steuersätze von Bedeutung ist das Bestimmungslandprinzip. Danach wird die Umsatzsteuer in dem Mitgliedstaat erhoben, in dem der tatsächliche Verbrauch erfolgt.[11] Dadurch wird eine Gleichbehandlung von inländischen und eingeführten Waren und Dienstleistungen gewährleistet.[12] Anders als das Ursprungslandprinzip, bei dem die Steuer im Herstellungsland erhoben wird, erfordert das Bestimmungslandprinzip keine vollständige Harmonisierung der Steuersätze.[13] Nach Auffassung des Rates führt daher auch eine größere Bandbreite nationaler Steuersätze nicht zu spürbaren Wettbewerbsverzerrungen im Binnenmarkt.[14] Wenn Unternehmer durch den Vorsteuerabzug vollständig entlastet sind und die Besteuerung im Verbrauchsland erfolgt, sind einheitliche Steuersätze entbehrlich. Vor diesem Hintergrund sah der Rat keinen Anlass, an einer engen Bandbreite der Steuersätze festzuhalten, und beschloss 2022 eine deutliche Ausweitung der nationalen Gestaltungsspielräume.[15] Seitdem dürfen die Mitgliedstaaten gem. Art. 98 Abs. 1 MwStSystRL einen oder zwei ermäßigte Steuersätze mit einer Mindesthöhe von 5 % anwenden, soweit die betreffenden Umsätze in Anhang III der Richtlinie aufgeführt sind. Darüber hinaus können sie nun auch superermäßigte Steuersätze unterhalb

---

[11] *C. Möller,* in: Möller, Umsatzsteuerrecht, 2017, Rn. 60.

[12] Ebd.

[13] *A. Erdbrügger,* in: Wäger, UStG, 3. Aufl. 2024, § 12 Rn. 3.

[14] Richtlinie (EU) 2022/542 des Rates v. 5.4.2022, ABl. EU Nr. L 107, 1 (1) (Erwägungsgrund 2.).

[15] Richtlinie (EU) 2022/542 des Rates v. 5.4.2022, ABl. EU Nr. L 107, 1.

von 5 % oder sogar einen Nullsteuersatz (Steuerbefreiung mit Vorsteuerabzug) einführen. Diese superermäßigten Steuersätze dürfen jedoch nur auf sieben der in Anhang III genannten Kategorien angewendet werden, darunter etwa Nahrungs- und Futtermittel, Wasser, Arzneimittel, medizinische Geräte, Personenbeförderung, Bücher, Zeitungen und Solarpaneele.

Zur Sicherung eines Mindestmaßes an Harmonisierung gilt für den allgemeinen Steuersatz weiterhin eine Untergrenze von 15 %. Diese wurde erstmals 1993 eingeführt und ist seit 2018 dauerhaft festgeschrieben.

2. Unionsrechtliche Grenzen des Gestaltungsspielraums

Der unionsrechtlich eröffnete Gestaltungsspielraum bei der Einführung ermäßigter Steuersätze ist begrenzt. Die Ermäßigungen dürfen nur auf solche Lieferungen und Dienstleistungen angewendet werden, die in Anhang III der Richtlinie ausdrücklich aufgeführt sind. Eine Ausdehnung auf vergleichbare, aber nicht genannte Umsätze ist unzulässig. Bei der Anwendung der ermäßigten Steuersätze müssen die Mitgliedstaaten zudem die Vorgaben der MwStSystRL eng auslegen. Sie dürfen die Ermäßigung nicht auf Umsätze erstrecken, die weder ihrem Wortlaut noch ihrer Zielrichtung nach unter die jeweilige Kategorie fallen. Zur genauen Abgrenzung verweist die Richtlinie auf die Kombinierte Nomenklatur sowie seit 2022 ergänzend auf die statistische Güterklassifikation in Verbindung mit den Wirtschaftszweigen. Innerhalb dieser Vorgaben steht es den Mitgliedstaaten grundsätzlich frei, ob und in welchem Umfang sie ermäßigte oder superermäßigte Steuersätze anwenden. Nach der Rechtsprechung des EuGH kann der ermäßigte Steuersatz auch nur auf einen bestimmten Teilbereich einer in Anhang III genannten Kategorie angewendet werden, sofern es sich dabei um einen konkret abgrenzbaren und eigenständigen Bestandteil der Leistung handelt.[16]

Dieser Gestaltungsspielraum wird durch den Grundsatz der steuerlichen Neutralität begrenzt. Er bildet das zentrale Strukturprinzip des harmonisierten Mehrwertsteuerrechts. Er verlangt die Gleichbehandlung gleichar-

---

16 EuGH, Urt. v. 6.5.2010, C-94/09, EU:C:2010:253, Rn. 28.

tiger, miteinander im Wettbewerb stehender Waren und Dienstleistungen.[17] Maßgeblich ist dabei die Sicht des Durchschnittsverbrauchers. Leistungen sind gleichartig, wenn sie dieselben Bedürfnisse befriedigen und sich die zwischen ihnen bestehenden Unterschiede nicht wesentlich auf die Verbraucherentscheidung auswirken.[18] Ziel ist es, Wettbewerbsverzerrungen zu vermeiden.

V. Verfassungsrechtliche Maßstäbe

Neben den unionsrechtlichen Vorgaben unterliegt die Ausgestaltung der Umsatzsteuerermäßigungen auch den Anforderungen des Grundgesetzes. Aufgrund des Anwendungsvorrangs des Unionsrechts prüft das Bundesverfassungsgericht innerstaatliche Vorschriften, die eine EU-Richtlinie umsetzen, grundsätzlich nicht am Maßstab des Grundgesetzes, sondern am Maßstab des Unionsrechts, soweit die Richtlinie den Mitgliedstaaten keinen Umsetzungsspielraum lässt. Die Mehrwertsteuersystemrichtlinie gibt dem nationalen Gesetzgeber vor, ob und in welchem Umfang er abstrakt einen ermäßigten Steuersatz erheben kann. Innerhalb dieses unionsrechtlichen Rahmens muss der nationale Gesetzgeber jedoch vollumfänglich die Vorgaben der Verfassung erfüllen.

Von besonderer Bedeutung ist in diesem Zusammenhang der allgemeine Gleichheitssatz des Art. 3 Abs. 1 GG. Dieser verbürgt nach Ansicht des Bundesverfassungsgerichts für den Sachbereich des Steuerrechts den Grundsatz der gleichen Zuteilung steuerlicher Lasten.[19] Bei der Auswahl des Steuergegenstandes sowie bei der Bestimmung des Steuersatzes kommt dem Gesetzgeber dabei ein weitreichender Spielraum zu. Allerdings hat er dann die einmal getroffene Belastungsentscheidung widerspruchsfrei und folgerichtig im Sinne der Belastungsgleichheit umzusetzen und so eine

---

17 EuGH, Urt. v. 7.9.1999, C-216/97, EU:C:1999:390, Rn. 20 - Gregg. Siehe zum Neutralitätsgrundsatz im Mehrwertsteuerrecht auch in dieser Reihe *H. Kube*, in: HFSt 20 (2023), § 5.

18 EuGH, Urt. v. 10.11.2011, C-259/10, C-260/10, EU:C:2011:719, Rn. 44 – The Rank Group.

19 BVerfGE 122, 210 (230).

rechtliche und tatsächliche Belastungsgleichheit der Steuerpflichtigen erreichen.[20] Im Interesse der steuerlichen Lastengleichheit bedarf es daher besonderer sachlicher Gründe, um Ausnahmen von der einmal getroffenen Belastungsentscheidung zu rechtfertigen.

Nach der Rechtsprechung des Bundesverfassungsgerichts liegt dem Ausgangstatbestand der Umsatzsteuer – die Besteuerung von gegen Entgelt von Unternehmern im Inland erbrachten Umsätzen – die Belastungsentscheidung zugrunde, den Konsumenten nach Maßgabe der von ihm aufgewendeten Kaufkraft zu belasten.[21] Sie sei darauf angelegt, auf den Endverbraucher umgelegt zu werden. Systemgerecht sind daher nur Vergünstigungen im Interesse der Verbraucher, nicht einzelner Unternehmergruppen.[22] Gleichwohl kann der Gesetzgeber jedoch auch im Bereich der Umsatzsteuer seine Steuergesetzgebungskompetenz ausüben, um Lenkungswirkungen zu erzielen.[23] Die daraus folgende Durchbrechung der Folgerichtigkeit kann aufgrund des Gemeinwohls, aus konjunktur-, wirtschafts-, oder zum Beispiel gesundheitspolitschen Erwägungen möglich sein. Auch bei Ausübung dieser Lenkungszwecke bleibt der Gesetzgeber jedoch an den Gleichheitsgrundsatz des Art. 3 Abs. 1 GG gebunden.[24] Er darf seine Leistungen also nicht nach unsachlichen Gesichtspunkten verteilen. Sachbezogene Gesichtspunkte stehen ihm in weitem Umfang zu Gebote, solange die Regelung sich nicht auf eine der Lebenserfahrung geradezu widersprechende Würdigung der jeweiligen Lebenssachverhalte stützt, insbesondere der Kreis der von der Maßnahme Begünstigten sachgerecht abgegrenzt ist.[25] Dies gilt auch, wenn der Gesetzgeber eine Subvention steuerrechtlich überbringt, statt sie direkt finanziell zuzuwenden.[26]

---

[20] BVerfGE 105, 73 (126).

[21] BVerfGE 101, 151 (155 f.).

[22] BVerfGE 101, 151 (155 f.).

[23] BVerfG, Nichtannahmebeschluss vom 18. März 2005 – 1 BvR 1822/00 – juris, Rn. 11.

[24] BVerfG, Nichtannahmebeschluss vom 18. März 2005 – 1 BvR 1822/00 – juris, Rn. 11.

[25] BVerfGE 110, 274 (293).

[26] BVerfG, Nichtannahmebeschluss vom 18. März 2005 – 1 BvR 1822/00 – juris, Rn. 11 mit Verweis auf BVerfGE 110, 274 (293).

VI. Ausgewählte Ermäßigungen auf dem verfassungsrechtlichen Prüfstand

Die dargestellten unions- und verfassungsrechtlichen Vorgaben bilden den Rahmen, innerhalb dessen der nationale Gesetzgeber ermäßigte Steuersätze ausgestalten darf. Eine nähere Betrachtung einzelner Ermäßigungstatbestände zeigt jedoch, dass nicht alle in ihrer konkreten Ausgestaltung verfassungsrechtlich unbedenklich erscheinen.

1. Ermäßigung für Beherbergungsleistungen und Gastronomie

Kritisch erscheinen etwa die branchenspezifischen Begünstigungen der Beherbergungsleistungen sowie die geplante Ermäßigung auf Restaurationsumsätze. Die Umsatzsteuer ist auf eine Überwälzung auf den Endverbraucher angelegt, während die Belastung mit Umsatzsteuer an einen Unternehmer durch den Vorsteuerabzug zurückgenommen wird. Damit stellt der umsatzsteuerliche Grundtatbestand alle unternehmerischen Tätigkeiten gleich.[27] Soweit also § 12 Abs. 2 Nr. 11 UStG und ein geplanter § 12 Abs. 2 Nr. 15 UStG die Besteuerung von Beherbergungsleistungen sowie Leistungen der Gastronomie an einen geringeren Steuersatz und damit eine andere Rechtsfolge knüpfen, müssen diese ihre Rechtfertigung in besonderen sachlichen Gründen finden.

In der Gesetzesbegründung wird die Ermäßigung für kurzfristige Beherbergungsleistungen mit wirtschafts- und standortpolitischen Zielen begründet.[28] Sie soll Wettbewerbsnachteile des deutschen Hotelgewerbes im europäischen Vergleich ausgleichen. Wirtschaftspolitische Erwägungen können grundsätzlich legitime Lenkungszwecke darstellen, wobei dem Gesetzgeber ein weiter Einschätzungs- und Gestaltungsspielraum zukommt. Gleichwohl bleibt er an den Gleichheitssatz gebunden und darf steuerliche Vergünstigungen nicht willkürlich gewähren. Beherbergungsleistungen sind als standortgebundene Dienstleistungen regelmäßig keiner grenz-

---

[27] BVerfGE 101, 132 (138).

[28] Bericht des Finanzausschusses v. 3.12.2009, BT-Drucks. 17/147, S. 6.

überschreitenden Wettbewerbssituation ausgesetzt. Das Bundesverfassungsgericht hat für derartige Leistungen betont, dass typischerweise kein relevanter Wettbewerbsdruck aus dem Ausland besteht.[29] Ein erheblicher Teil der Hotelübernachtungen entfällt auf inländische Gäste, für die steuerliche Unterschiede keine Rolle spielen. Nur in Einzelfällen, etwa in Grenzregionen oder bei preisgetriebenem Tourismus, kann ein grenzüberschreitender Wettbewerb entstehen. Dem Gesetzgeber steht im Steuerrecht eine weitreichende Typisierungsbefugnis zu. Er darf aus Gründen der Praktikabilität und Vollziehbarkeit pauschalieren und Besonderheiten des Einzelfalls außer Acht lassen. Vor diesen Hintergrund erscheint die pauschale Anwendung des ermäßigten Steuersatzes auf alle kurzfristigen Beherbergungsleistungen trotz fehlender flächendeckender Wettbewerbslage noch vertretbar. Die Annahme, dass jedenfalls ein Teil der Branche einem europäischen Preiswettbewerb unterliegt, beruht nicht auf einer der Lebenserfahrung widersprechenden Einschätzung. Eine differenzierte Regelung nach regionaler Wettbewerbslage oder Herkunft der Gäste wäre weder praktikabel noch rechtssicher umsetzbar.

Die Ermäßigung auf Restaurationsumsätze soll ausdrücklich der Unterstützung der Gastronomiebranche dienen. Bereits während der temporären Ermäßigung in der Corona-Pandemie war die Maßnahme auf Kritik gestoßen.[30] Der Gesetzgeber begründete sie damals mit der besonderen Betroffenheit der Gastronomie durch pandemiebedingte Einschränkungen sowie mit der Erwartung einer Belebung der Konjunktur.[31] Beide Zielsetzungen standen indes in einem offensichtlichen Widerspruch.[32] Eine Weitergabe der Steuerermäßigung an die Verbraucher hätte zwar die Nachfrage stimuliert, jedoch die wirtschaftliche Entlastung der Betriebe geschmälert. Umgekehrt hätte die Beibehaltung der Preise den Entlastungseffekt auf die Unternehmen beschränkt, ohne konjunkturelle Impulse zu erzeugen. Verfassungsrechtlich mit Blick auf das Folgerichtigkeitsgebot bedenklich war zudem, dass andere, ebenfalls stark betroffene Branchen wie etwa das Handwerk oder Friseurdienstleistungen von der Maßnahme

---

[29] BVerfGE 110, 274 (300).

[30] *E. Foster*, in: Wäger, UStG, 3. Aufl. 2024, § 12 Abs. 2 Nr. 15 Rn. 6.

[31] Corona-Steuerhilfegesetz v. 12.05.2020, BT-Drucks. 19/19150, S. 11.

[32] *H. Nieskens,* in: Rau/Dürrwächter, UStG, 202. EL 01.2023, § 12 Abs. 2 Nr. 15 Rn. 40.

ausgeschlossen blieben, ohne dass hierfür ein sachlicher Grund erkennbar gewesen wäre.[33]

Die nun geplante dauerhafte Ermäßigung soll einerseits die Gastronomie gezielt unterstützen und zudem Abgrenzungsprobleme beseitigen, die sich daraus ergeben, dass die Lieferung von Lebensmitteln dem ermäßigten Steuersatz unterliegt. Diese Abgrenzung ist durch die Rechtsprechung des EuGH[34] sowie Art. 6 der MwStVO zwar weitgehend geklärt. Dass sich im Einzelfall weiterhin Abgrenzungsfragen stellen können ist indes nicht ausgeschlossen. Innerhalb seines weiten Einschätzungs- und Typisierungsspielraums darf der Gesetzgeber daher wohl annehmen, dass eine einheitliche Behandlung von Liefer- und Restaurationsumsätzen die Rechtsanwendung vereinfacht. Hinzuweisen ist jedoch darauf, dass die Ermäßigung für Restaurationsumsätze ausdrücklich nicht für Getränke gilt, während die Lieferung bestimmter Getränke wie Milch weiterhin dem ermäßigten Steuersatz unterliegt. Dass die gleiche Dienstleistung abhängig vom servierten Produkt unterschiedlichen Steuersätzen unterliegt, erscheint jedenfalls rechtspolitisch fraglich.

Auch ein Rückgriff auf Wettbewerbs- oder arbeitsmarktpolitische Erwägungen trägt die Maßnahme nur begrenzt. Restaurationsleistungen sind typischerweise standortgebunden und unterliegen kaum einem grenzüberschreitenden Wettbewerb. Für inländische Verbraucher spielt es keine Rolle, ob in Nachbarstaaten niedrigere Steuersätze gelten. Zwar mag es in Ausnahmefällen in Grenzregionen vereinzelt zu Ausweichreaktionen kommen, wenn Touristen während eines Ausflugs im Ausland essen gehen. Anders als bei Beherbergungsleistungen fehlt es jedoch an einer Austauschbarkeit des Leistungsortes. Bei preisgetriebenen Urlaubsentscheidungen können sich Touristen zwischen einem Aufenthalt im benachbarten Ausland oder im Inland entscheiden. Der Restaurantbesuch ist dagegen an den aktuellen Aufenthaltsort gebunden, wobei Verbraucher Restaurants typischerweise nach Nähe und Qualität wählen. Es erscheint daher jedenfalls fraglich, ob die wenigen grenznahen Wettbewerbssituationen

---

33 Ebd., Rn. 41 f.

34 EuGH, Urt. v. 10.3.2011 – C-497/09, C-499/09, C-501/09, C_502/09, EU:C:2011:135, Rn. 58 ff - Bog u.a.

noch von der Typisierungsbefugnis des Gesetzgebers gedeckt sind und ausreichen, um unter Berufung auf einen grenzüberschreitenden Wettbewerb die Begünstigung einer gesamten Branche zu rechtfertigen.[35]

2. Kulturelle Leistungen

Verfassungsrechtlich unbedenklich sind hingegen grundsätzlich die Ermäßigungen, die kulturelle Leistungen begünstigen. Das Umsatzsteuerrecht verfolgt keine flächendeckende staatliche Kulturförderung, sondern ermäßigt (und befreit) vielmehr punktuell bestimmte kulturelle Leistungen. So werden etwa Lieferungen bestimmter Kunstgegenstände (§ 12 Abs. 2 Nr. 1 UStG i.V.m. Anhang II Nr. 53) wie auch Theateraufführungen (§ 12 Abs. 2 Nr. 7a UStG) ermäßigt besteuert. Nach der Rechtsprechung des Bundesverfassungsgerichts handelt es sich dabei um Maßnahmen der Kulturpolitik, bei deren Ausgestaltung dem Gesetzgeber ein weiter Gestaltungsspielraum zukommt.[36] Dieser wird zwar durch Art. 5 Abs. 1 und 3 GG im Sinne einer objektiven Wertentscheidung über Presse- und Kunstfreiheit beeinflusst. Die Grundrechte verpflichten den Gesetzgeber aber weder zu einer allgemeinen Steuerfreiheit künstlerischer Betätigung noch zu einer unterschiedslosen Begünstigung sämtlicher Ausdrucksformen.[37] Der Gesetzgeber darf kulturelle Leistungen also differenziert behandeln und den Anwendungsbereich der Ermäßigung sachgerecht begrenzen. So sind etwa künstlerische Ausdrucksformen wie Siebdruck und Kunstfotografie von der Ermäßigung ausgenommen.

---

[35] So auch *R. Ismer et. al*, Analyse und Bewertung der Strukturen von Regel- und ermäßigten Sätzen bei der Umsatzbesteuerung unter sozial-, wirtschafts-, steuer- und haushaltspolitischen Gesichtspunkten, 2010, S. 112 ff.

[36] BVerfGE 36, 321 (331 f.).

[37] Ebd.

VII. Fazit

Der Ermäßigungskatalog des § 12 Abs. 2 UStG folgt keiner einheitlichen Zielsetzung. Schon öfter wurde eine Reform angeregt, etwa durch den Bundesrechnungshof.[38] Durch das Nebeneinander unterschiedlichster Ermäßigungstatbestände hat sich ein inkohärent wirkendes Regelungsgeflecht gebildet. Besonders die branchenspezifischen Ermäßigungen für die Beherbergungs- und Gastronomieleistungen zeigen, dass die Umsatzsteuer zunehmend auch als Instrument wirtschaftspolitischer Förderung eingesetzt wird. Damit wird der ursprüngliche Regelungszweck der Ermäßigungen verschoben. Die Ermäßigungen erscheinen zwar auch mit Blick auf das Folgerichtigkeitsgebot noch verfassungsrechtlich zulässig. Gleichwohl stellen sich grundlegende Wertungsfragen, weshalb gerade bestimmte Branchen steuerlich begünstigt werden, während andere trotz vergleichbarer struktureller Herausforderungen unberücksichtigt bleiben.

---

[38] Bundesrechnungshof, Bericht nach § 99 BHO über den ermäßigten Umsatzsteuersatz, 28.06.2010.

§ 9 Verdeckter rückwirkender Treaty Override

Robert Pracht

I. Hinführung

Treaty Overrides beschäftigen die Steuer- und Völkerrechtswissenschaft schon seit geraumer Zeit. Allgemein wird mit diesem Begriff der Umstand beschrieben, dass sich ein nationaler Gesetzgeber über völkerrechtlich getroffene Regelungen einseitig hinwegsetzt (sog. Vertragsüberschreibung).[1] Zulässig sind derartige Treaty Overrides – so die erste These – entgegen der Rechtsprechung des Bundesverfassungsgerichts nur unter bestimmten Voraussetzungen und lediglich als ultima ratio. Keinen Unterschied macht es – zweite These –, ob es sich um eine bewusste oder vermeintlich unbewusste Vertragsüberschreibung handelt. Eine echte Rückwirkung ist bei Treaty Overrides – so die abschließende dritte These – ausgeschlossen.

Im Internationalen Steuerrecht finden sich Beispiele für Treaty Overrides in § 50d EStG. Anlass für diesen Beitrag ist die Regelung des § 50d Abs. 10 Satz 1 EStG, die einen Treaty Override mit rückwirkender Wirkung in Bezug auf die grenzüberschreitenden Geschäftsbeziehungen zwischen einer Personengesellschaft und ihren Gesellschaftern beinhaltet. Der Bundesfinanzhof war von der Verfassungswidrigkeit dieser Norm überzeugt und leitete daher im Jahr 2013 ein Normenkontrollverfahren nach Art. 100 Abs. 1 GG ein.[2] Nach einem zwölf Jahre später ergangenen Hinweis des Bundesverfassungsgerichts auf die fehlende Entscheidungserheblichkeit[3]

---

1 Siehe *K. Wagner*, in: Brandis/Heuermann, EStG, Stand: 176. EL 04.2025, § 50d Rn. 42: „unilaterale[r] ‚Bruch' des völkerrechtlich Vereinbarten".

2 BFH, Beschl. v. 11.12.2013, I R 4/13, IStR 2014, 217 ff.

3 Vom Bundesverfassungsgericht wurde beanstandet, dass in dem Bescheid über die gesonderte und einheitliche Feststellung der Einkünfte der inländischen GmbH & Co. KG auch Feststellungen zu einer atypisch stillen Gesellschaft mitenthalten waren, was nach der neueren Rechtsprechung des BFH unzulässig ist (siehe bspw. BFH, Urt. v. 19.11.2024, VIII R 10/22). Bereits aus diesem – verfahrensrechtlichen – Grund müsse der Feststellungsbescheid vollständig aufgehoben werden.

der Vorlage hob der Bundesfinanzhof seinen Aussetzungs- und Vorlagebeschluss auf, woraufhin das Bundesverfassungsgericht mit Beschluss vom 4. Juli 2025 das verfassungsgerichtliche Verfahren einstellte.[4] Insofern verbleiben weiter Unklarheiten über die Verfassungsmäßigkeit des Treaty Overrides in § 50d Abs. 10 EStG. Bevor hierauf näher eingegangen wird (III.), lohnt aber ein Blick auf die allgemeine Zulässigkeit des Treaty Overrides, wozu bereits seit dem Jahr 2015 verfassungsgerichtliche Rechtsprechung vorliegt (II.).

II. Zulässigkeit des Treaty Override im Allgemeinen

Mit einem Treaty Override setzt sich der Gesetzgeber über seine völkerrechtliche Bindung zu seinem Vertragsstaat innerstaatlich hinweg und trifft im nationalen Recht eine im Verhältnis zum völkerrechtlichen Vertrag abweichende Regelung. Die Frage nach der Zulässigkeit entzweite sowohl die völkerrechtliche als auch die steuerrechtliche Wissenschaft jedenfalls bis zu einem grundlegenden Judikat des Bundesverfassungsgerichts aus dem Jahr 2015.[5]

1. Die Entscheidung des Bundesverfassungsgerichts zu § 50d Abs. 8 EStG

Streitgegenständlich war hier die – auch heute noch geltende – Regelung des § 50d Abs. 8 Satz 1 EStG, wonach eine Freistellung von Einkünften aus nichtselbstständiger Arbeit ungeachtet von Doppelbesteuerungsabkommen nur gewährt wird, soweit nachgewiesen wird, dass der zur Besteuerung berechtigte Staat auf sein Recht verzichtet hat oder die festgesetzten Steuern tatsächlich entrichtet wurden.

---

4 BVerfG, Beschl. v. 04.07.2025, 2 BvL 15/14, IStR 2025, 563.

5 BVerfG, Beschl. v. 15.12.2015, 2 BvL 1/12, BVerfGE 141, 1 ff.

Die Senatsmehrheit – Richterin *König* gab ein Sondervotum[6] ab – kam zu dem Ergebnis, dass es dem unmittelbar demokratisch legitimierten Gesetzgeber möglich sein müsse, von einer völkerrechtlich wirksamen Verpflichtung innerstaatlich abzuweichen.[7] Völkerrechtliche Verträge werden durch ein Zustimmungsgesetz im Sinne des Art. 59 Abs. 2 Satz 1 GG in nationales Recht transformiert und erhalten hierdurch in der Normenhierarchie den Rang eines formellen Bundesgesetzes.[8] Es gelte der lex-posterior Grundsatz, um zu verhindern, dass ein neugewählter Bundestag an Entscheidungen des vorherigen Parlaments gebunden sei.[9] Der Gesetzgeber sei lediglich an die Verfassung, nicht aber auch an die von ihm erlassenen formellen und materiellen Gesetze gebunden.[10] Aus dem ungeschriebenen verfassungsrechtlichen Grundsatz der Völkerrechtsfreundlichkeit folge nichts anderes, da sich aus diesem keine Pflicht ergebe, völkerrechtliche Verträge uneingeschränkt zu befolgen.[11]

2. Überzeugungskraft der Rechtsprechung

Das erscheint zu starr. Aus der richtigerweise angenommenen Gleichrangigkeit von Zustimmungsgesetzen zu völkerrechtlichen Verträgen und späteren Parlamentsgesetzen folgt noch nicht zwingend die Anwendbarkeit der lex-posterior-Regel.[12] In bestimmten – und begründungsbedürftigen – Situationen kann diese Kollisionsregel ausnahmsweise keine Geltung beanspruchen. Dies gilt allgemein für sog. Obergesetze, die insbesondere im Finanzverfassungsrecht anzutreffen sind: Wegen Art. 109 Abs. 4 GG

---

6 BVerfG, Beschl. v. 15.12.2015, 2 BvL 1/12, BVerfGE 141, 1 (44 ff.). Richterin *König* plädiert für eine Einzelabwägung zwischen Demokratieprinzip auf der einen und Rechtsstaatsprinzip in Verbindung mit der Völkerrechtsfreundlichkeit des Grundgesetzes auf der anderen Seite, zwischen Überschreibung des völkerrechtlichen Vertrags aus beachtenswerten Gründen einerseits und dessen Weiterbeachtung andererseits. Bei dieser Abwägung komme dem Gesetzgeber ein Einschätzungsspielraum zu, der in begrenztem Rahmen vom Bundesverfassungsgericht überprüft werden könne.

7 BVerfG, Beschl. v. 15.12.2015, 2 BvL 1/12, BVerfGE 141, 1 (21 ff. Rn. 51 ff.).

8 BVerfG, Beschl. v. 15.12.2015, 2 BvL 1/12, BVerfGE 141, 1 (18 Rn. 43).

9 Vgl. BVerfG, Beschl. v. 15.12.2015, 2 BvL 1/12, BVerfGE 141, 1 (Ls. 3).

10 BVerfG, Beschl. v. 15.12.2015, 2 BvL 1/12, BVerfGE 141, 1 (36 Rn. 85).

11 Vgl. BVerfG, Beschl. v. 15.12.2015, 2 BvL 1/12, BVerfGE 141, 1 (Ls. 4).

12 Siehe *K. Vogel*, JZ 1997, 161 (162).

steht beispielsweise das Haushaltsgrundsätzegesetz (HGrG) in der Normenhierarchie zwar unter der Verfassung, aber über anderen formellen Bundesgesetzen wie insbesondere der Bundeshaushaltsordnung (BHO).[13]

Die Völkerrechtsfreundlichkeit des Grundgesetzes, seine „offene Staatlichkeit“, die in unterschiedlichen Verfassungsbestimmungen zum Ausdruck kommt, vermag auch für Zustimmungsgesetze zu völkerrechtlichen Verträgen eine im Ansatz höhere normenhierarchische Stellung zu begründen. Allerdings kann es sich dabei um keinen absoluten Vorrang handeln, da anderenfalls die Bewegungsfreiheit des Gesetzgebers und die aus dem Demokratieprinzip folgende grundsätzlich notwendige Reversibilität getroffener politischer Entscheidungen, auf die das Bundesverfassungsgericht zutreffend verweist, über die Maßen beschränkt würde.

Insofern ist die von *Doris König*[14] und anderen[15] vorgeschlagene „Abwägungslösung“ durchaus überzeugend: Zur Ausbalancierung der gegenläufigen Pole – Demokratieprinzip auf der einen Seite, Völkerrechtsfreundlichkeit auf der anderen Seite – sind die Gründe für einen Treaty Override zu untersuchen. Grundsätzlich darf er nur letztes Mittel sein, um einem als nicht (mehr) hinnehmbar empfundenen Zustand abzuhelfen. Für eine sofortige einseitige Vertragsüberschreibung bedarf es darüber hinaus noch besonderer Gründe, die das Gewicht des völkerrechtlichen „Wortbruchs“[16] überwiegen. Vorrangig sind Verhandlungen über eine Änderung des Abkommens oder dessen Kündigung für die Zukunft.[17] Für die Legislative bedeutet dies, auf die Bundesregierung durch politischen Einfluss, Entschlie-

---

[13] Ungeachtet einer fehlenden ausdrücklichen Ermächtigung nimmt das Bundesverfassungsgericht darüber hinaus an, dass für die Verteilung des Umsatzsteueraufkommens zwischen dem Bund und den Ländern der Erlass eines sog. Maßstäbegesetzes notwendig ist, das wiederum oberhalb anderer Parlamentsgesetze – insbesondere des Finanzausgleichsgesetzes (FAG) –, aber unterhalb der Verfassung steht (siehe BVerfG, Urt. v. 11.11.1999, 2 BvF 2/98 u.a., BVerfGE 101, 158 ff.).

[14] BVerfG, Beschl. v. 15.12.2015, 2 BvL 1/12, BVerfGE 141, 1 (44 ff.).

[15] Statt einiger *K.D. Drüen*, in: Tipke/Kruse, AO, Stand: 170. EL 05.2022, § 2 Rn. 5b.

[16] *K. Vogel*, JZ 1997, 161 ff.

[17] Siehe in diesem Zusammenhang auch *K. Vogel*, JZ 1997, 161 (167), der die Völkerrechtsfreundlichkeit in einen engen Zusammenhang mit dem Rechtsstaatsprinzip bringt: „Da unser Staat sich von Verträgen auf angemessene Weise zu lösen vermag, verstößt ein Wortbruch des Bundesgesetzgebers gegen seine Bindung an das Recht […].“ Ähnlich *A. Rust/E. Reimer*, IStR 2005, 843 (847 f.).

ßungen und letztlich durch ein konstruktives Misstrauensvotum respektive dessen Androhung Druck auszuüben, da Verhandlungen über völkerrechtliche Verträge klassisches Terrain der Exekutive sind.[18]

Hierfür bedarf es keines Rückgriffs beziehungsweise keiner „Aufladung" mit dem Rechtsstaatsprinzip. Zu naheliegend erscheint hier der Einwand, dass der Gesetzgeber ausweislich von Art. 20 Abs. 3 GG lediglich an die Verfassung, im Unterschied zu Rechtsprechung und ausführender Gewalt aber nicht an die von ihm geschaffenen Gesetze gebunden ist.[19] Möglicherweise entstammen die Versuche, das Rechtsstaatsprinzip mit der Völkerrechtsfreundlichkeit des Grundgesetzes zu verbinden, aus einer für möglich gehaltenen Übertragung der Argumentation des Bundesverfassungsgerichts in seiner Görgülü-Rechtsprechung[20]. Jedenfalls für die hiesigen Fälle der Abkommensüberschreibung, bei der nicht Rechtsprechung und Verwaltung, sondern die Legislative im Zentrum steht, erbringt eine Argumentation mit dem Rechtsstaatsprinzip nur wenig Früchte.

III. Zulässigkeit eines unbewussten und rückwirkenden Treaty Overrides

Nach dieser allgemeinen Kritik an der bedenklich weitgehenden Zulässigkeit eines Treaty Overrides in der Rechtsprechung des Bundesverfassungsgericht und dem ihm folgenden Schrifttum[21] seien die Besonderheiten der eingangs erwähnten Regelung in § 50d Abs. 10 EStG herausgearbeitet. Die Bestimmung wurde im Jahr 2008 eingeführt und beanspruchte Geltung für alle zu diesem Zeitpunkt noch offenen Steuerfälle. Hieraus folgt auch das verfassungsrechtliche Neuland eines solchen Treaty Override, weil dieser – im Unterschied zu dem vom Bundesverfassungsgericht entschiedenen Fall

---

[18] So auch *M. Valta/R. Stendel*, StuW 2019, 340 (353).

[19] Siehe BVerfG, Beschl. v. 15.12.2015, 2 BvL 1/12, BVerfGE 141, 1 (22 f. Rn. 54).

[20] BVerfG, Beschl. v. 14.10.2004, 2 BvR 1481/04, BVerfGE 111, 307 (Ls. 1): „Zur Bindung an Gesetz und Recht (Art. 20 Abs. 3 GG) gehört die Berücksichtigung der Gewährleistungen der Konvention zum Schutze der Menschenrechte und Grundfreiheiten und der Entscheidungen des Europäischen Gerichtshofs für Menschenrechte im Rahmen methodisch vertretbarer Gesetzesauslegung."

[21] Siehe nur statt vieler *M. Krumm*, AöR 138 (2016), 363 (386 ff.) und *K. Wagner*, in: Brandis/Heuermann, EStG, Stand: 176. EL 04.2025, § 50d Rn. 46.

zu § 50d Abs. 8 EStG – mit einer Rückbewirkung von Rechtsfolgen respektive einer echten Rückwirkung[22] verbunden war.

1. Norminhalt des § 50d Abs. 10 Satz 1 EStG

In § 50d Abs. 10 Satz 1 EStG geht es um die Behandlung von Einkünften aus Sondervergütungen bei einer Mitunternehmerschaft.[23] Die Bestimmung ordnet an, dass wenn auf eine Vergütung im Sinne des § 15 Abs. 1 Satz 1 Nr. 2 Hs. 2 und Nr. 3 Hs. 2 EStG die Vorschriften eines Abkommens zur Vermeidung einer Doppelbesteuerung anzuwenden sind und das Abkommen keine solche Vergütungen betreffende ausdrückliche Regelung enthält, die Vergütung für Zwecke der Anwendung des Abkommens zur Vermeidung der Doppelbesteuerung ausschließlich als Teil des Unternehmensgewinns des vergütungsberechtigten Gesellschafters gilt. Ziel der Regelung ist es also, dass für Zinsen, die einem Gesellschafter aus der Überlassung eines Gesellschafterdarlehens zufließen, nicht Art. 11 DBA-MA zur Anwendung gelangen soll, sondern Art. 7 DBA-MA. Es soll sich also um Bestandteile des Unternehmensgewinns handeln.[24] Nach der Intention des Gesetzgebers ist damit beabsichtigt, eine Gleichbehandlung inländischer und ausländischer Gesellschafter sicherzustellen.

Der Vorlagebeschluss des BFH aus dem Jahr 2013 argumentierte – freilich in Unkenntnis der späteren Entscheidung des Bundesverfassungsgerichts – noch stark für eine generelle Unzulässigkeit jeglicher Treaty Overrides, erkannte aber auch das besondere Problem der echten Rückwirkung.[25] Bevor hierauf zurückzukommen ist, sei aber zuvor noch eine andere kleine Auffälligkeit im Zusammenhang mit § 50d Abs. 10 Satz 1 EStG beleuchtet.

---

[22] Zu den beiden verwendeten, inhaltlich gleichbedeutenden Begrifflichkeiten des Ersten und Zweiten Senats des Bundesverfassungsgerichts: *K.-P. Sommermann*, in: Huber/Voßkuhle, GG, 8. Aufl. 2024, Art. 20 Rn. 294.

[23] *C. Sternberg*, in: Kirchhof/Mellinghoff/Kube, EStG, Stand: 329. EL 10.2022, § 50d Rn. F 1; *K. Wagner*, in: Brandis/Heuermann, EStG, Stand: 176. EL 04.2025, § 50d Rn. 162.

[24] *C. Sternberg*, in: Kirchhof/Mellinghoff/Kube, EStG, Stand: 329. EL 10.2022, § 50d Rn. F 2.

[25] BFH, Beschl. v. 11.12.2013, I R 4/13, IStR 2014, 217 ff. (Rn. 29 ff.).

2. Verdeckter Treaty Override

Ausweislich der Gesetzesbegründung wollte der Gesetzgeber nicht bewusst eine Abkommensüberschreibung durchführen, sondern war der Auffassung, durch die Regelung den Ausdruck „Unternehmensgewinne“, der in den Doppelbesteuerungsabkommen nicht definiert wird, klarzustellen.[26] Diese Motivlage wird auch dadurch bestärkt, dass im Rahmen des § 50d Abs. 10 Satz 1 EStG auf den sonst üblichen Passus „ungeachtet des Abkommens“ (siehe zum Beispiel § 50d Abs. 8 Satz 1, Abs. 9 Satz 1 und Abs. 11 Satz 1 EStG) verzichtet wird.[27]

Dieser „verdeckte“ Treaty Override ist im Ergebnis aber nicht anders zu behandeln als ein „bewusster“ Treaty Override, da anderenfalls der Gesetzgeber durch Verschleierung seiner Absichten und eine geschickte Wortwahl im Gesetz sich vom Vorwurf einer bewussten Abkommensüberschreibung lossagen könnte. Entscheidend ist also nicht die Absicht des Gesetzgebers, sondern die inhaltliche Qualifikation eines Treaty Overrides.[28] Ein solcher ist hier indes anzunehmen, weil von der abkommensrechtlichen autonomen Qualifikation, dass der entsprechende Artikel in den Doppelbesteuerungsabkommen zu den Zinseinkünften zur Anwendung gelangen soll, abgewichen wird.[29]

3. Echte Rückwirkung

In § 52 Abs. 59a EStG war angeordnet, dass die Vorschrift des § 50d Abs. 10 EStG auch für alle noch nicht bestandskräftig abgeschlossenen Steuerfälle Geltung beanspruchen soll. So betraf der Vorlagebeschluss des

---

26 Siehe BT-Drs. 16/11108, S. 23: „In einer solchen Regelung ist keine Überschreibung (treaty override) eines DBA zu sehen; denn es geht lediglich um eine – der Auffassung des BFH widersprechende – innerstaatlich verbindliche Auslegung des DBA-Ausdrucks ‚Unternehmensgewinne‘, den die DBA selbst nicht definieren.“

27 BFH, Beschl. v. 11.12.2013, I R 4/13, IStR 2014, 217 ff. (Rn. 38).

28 So auch *M. Schwenke*, DStR 2018, 2310 (2313) und *K. Wagner*, in: Brandis/Heuermann, EStG, Stand: 176. EL 04.2025, § 50d Rn. 42, der entscheidend die Wirkungsweise betrachtet.

29 Vgl. *G. Frotscher*, in: Frotscher/Geurts, EStG, Stand: 227. EL 02.2022, § 50d Rn. 197; *C. Sternberg*, in: Kirchhof/Mellinghoff/Kube, EStG, Stand: 329. EL 10.2022, § 50d Rn. F 4.

Bundesfinanzhofs auch einen Steuerfall betreffend das Streitjahr 2000. Normiert wurde durch diese Regelungen also ein zeitlich unbefristeter rückwirkender Treaty Override auch für zeitlich weit zurückliegende Veranlagungszeiträume, in denen die Steuerschuld bereits entstanden war (vgl. § 38 AO). Eine solche echte Rückwirkung beziehungsweise Rückbewirkung von Rechtsfolgen[30] ist nach übereinstimmender Auffassung von Rechtsprechung und Schrifttum nur unter besonderen und engen Voraussetzungen möglich.[31] Die Unzulässigkeit, also Verfassungswidrigkeit, einer solchen echten Rückwirkung ist die Regel.[32] Nach Auffassung des Bundesrates sei im Rahmen des § 50d Abs. 10 Satz 1 EStG eine echte Rückwirkung aber zulässig, weil sich infolge der unklaren Rechtslage und einer fehlenden gefestigten Rechtsprechung des Bundesfinanzhofs kein schutzwürdiges Vertrauen habe bilden können.[33]

Bei durch Zustimmungsgesetz zu Doppelbesteuerungsabkommen ratifizierten völkerrechtlichen Verträgen dürfte indes – insbesondere bei Heranziehung des hier präferierten Abwägungsmodells – die Zulässigkeit einer echten Rückwirkung ausgeschlossen sein. Denn in diesem Fall ist das grundrechtlich begründete Vertrauen der Steuerpflichtigen auf die Geltung der im Doppelbesteuerungsabkommen getroffenen Regelung und die Einhaltung völkervertraglich getroffener Absprachen so gewichtig, dass es sich im Verhältnis zu etwaigen, sich nicht im Fiskalinteresse erschöpfenden, staatlichen Interessen durchsetzt. Nur aus überragenden – hier indes nicht ersichtlichen Gründen – kann ausnahmsweise auch eine echte Rückwirkung bei einem Treaty Override möglich sein – insbesondere, wenn nur auf diese Weise ein verfassungsmäßiger Zustand hergestellt werden kann. Daran dürfte es im (Internationalen) Steuerrecht indes in aller Regel fehlen, sodass diese Ausnahme theoretisch bleibt.

---

30 Siehe dazu nur *K.-P. Sommermann*, in: Huber/Voßkuhle, GG, 8. Aufl. 2024, Art. 20 Rn. 294.

31 Grundlegend BVerfG, Beschl. v. 23.3.1971, 2 BvL 2/66, BVerfGE 30, 367 (387 ff.): (1) Erwartbarkeit einer Neuregelung, (2) unklare und verworrene Rechtslage beziehungsweise Zweifel an Verfassungsmäßigkeit, (3) Eintritt eines nur ganz unerheblichen Schadens oder (4) zwingende Gründe des Allgemeinwohls.

32 BVerfG, Urt. v. 31.10.2023, 2 BvR 900/22, BVerfGE 166, 359 (413 Rn. 145).

33 Vgl. BR-Drs. 139/13, S. 148. Zustimmend *H. Kube*, StuW 2023, 18 (28), der auch auf das Hin und Her zwischen Gesetzgebung und Rechtsprechung hinweist.

Ein rückwirkender Treaty Override ist nicht nur ein das Ansehen Deutschlands in der Internationalen Rechtsgemeinschaft potenziell schädigender Akt gegenüber dem Vertragsstaat, sondern verletzt Steuerpflichtige in ihrem berechtigten Vertrauen auf die innerstaatliche Geltung von durch Zustimmungsgesetz in die nationale Rechtsordnung übertragenen völkerrechtlichen Verträgen. Die echte Rückwirkung ist also jedenfalls im Anwendungsbereich des § 50d Abs. 10 Satz 1 EStG verfassungsrechtlich ausgeschlossen.[34]

IV. Fazit

Treaty Overrides im Steuerrecht sind anders als vom Bundesverfassungsgericht angenommen nicht schlechthin ohne jegliche Einschränkungen verfassungsgemäß. Der lex-posterior-Grundsatz gilt wegen der Völkerrechtsfreundlichkeit des Grundgesetzes und seiner „offenen Staatlichkeit" nicht uneingeschränkt. Vielmehr ist grundsätzlich mittels einer Abwägung zu ermitteln, ob sich der aus dem Demokratieprinzip ergebende Gedanke einer Reversibilität getroffener politischer Entscheidungen oder das sich aus der Völkerrechtsfreundlichkeit des Grundgesetzes ergebende Prinzip des Festhaltens an dem völkervertraglich Vereinbarten („pacta sunt servanda") durchsetzt. Eine Abkommensüberschreibung muss ultima ratio sein; völkerrechtliche Maßnahmen zur Änderung oder Beendigung des völkerrechtlichen Vertrags sind vorrangig.[35]

Dass ein Treaty Override vom Gesetzgeber vermeintlich nicht bewusst erfolgt und sich insbesondere nicht eindeutig im Gesetzeswortlaut durch die Formulierung „ungeachtet des Abkommens" widerspiegelt, ist unbeachtlich. Entscheidend ist eine materielle Betrachtung, ob eine vom völkerrechtlichen Vertrag abweichende inhaltliche Regelung getroffen wird.

---

[34] So auch mit anderer Begründung *G. Frotscher*, in: Frotscher/Geurts, EStG, Stand: 227. EL 02.2022, § 50d Rn. 191; *C. Sternberg*, in: Kirchhof/Mellinghoff/Kube, EStG, Stand: 329. EL 10.2022, § 50d Rn. A 42 f. und F 6.

[35] *K.D. Drüen*, in: Tipke/Kruse, AO, Stand: 170. EL 05.2022, § 2 Rn. 5b; *M. Lehner*, IStR 2016, 217 (219).

Echte Rückwirkungen respektive die Rückbewirkung von Rechtsfolgen sind ausgeschlossen. Das Vertrauen der Betroffenen in die Geltung des völkerrechtlichen Vertrags ist in hohem Maße schutzwürdig. Selbst wenn also die oben genannte Abwägung ein Treaty Override erlauben sollte, so ist jedenfalls eine Rückbewirkung der Rechtsfolgen in aller Regel ausgeschlossen.

Die Regelung in § 50d Abs. 10 Satz 1 EStG erweist sich vor diesem Hintergrund als verfassungswidrig. Da dem Bundesverfassungsgericht eine Klärung der Verfassungsmäßigkeit aus verfahrensrechtlichen Gründen verwehrt blieb, ist der Gesetzgeber zur Aufhebung der Vorschrift aufgerufen.

Rückwirkende Treaty Overrides sind auch in anderen Absätzen des § 50d EStG anzutreffen: Eine weitere Vorlage des Bundesfinanzhofs[36] zur Verfassungsmäßigkeit des § 50d Abs. 9 Satz 1 Nr. 2 EStG hat das Bundesverfassungsgericht in einem zum Ende des Jahres 2025 veröffentlichten Beschluss – wiederum mangels Entscheidungserheblichkeit – als unzulässig eingestuft.[37] Auch dieser verfahrensrechtlich begründeten Entscheidung des Bundesverfassungsgerichts lassen sich keine Aussagen zu den hier behandelten Rechtsfragen entnehmen.

---

[36] Vgl. BFH, Beschl. v. 20.08.2014, I R 86/13, DStR 2014, 2065 (2072 f. Rn. 37 ff.).

[37] BVerfG, Beschl. v. 21.10.2025, 2 BvL 21/14.

§ 10 Irrungen, Wirrungen im Umgang mit dem Grundsatz weltanschaulich-religiöser Neutralität des Staates

Luca Steinbeck

I. Religiöse Symbole in staatlichen Räumen: Alter Wein in neuen Schläuchen

Kruzifixe in Schulen und Gerichtssälen, Kopftuch tragende Lehrerinnen, Rechtsreferendarinnen und bald auch Schöffinnen. Das Bundesverfassungsgericht wird erneut die Möglichkeit bekommen, seine Rechtsprechungslinie zum staatlichen Neutralitätsgebot in religiösen und weltanschaulichen Fragen fortzuschreiben. Zwei Schöffinnen aus Nordrhein-Westfalen, die sich weigerten, ohne Kopftuch an Hauptverhandlungen teilzunehmen, haben Verfassungsbeschwerden gegen ihre Streichung von der Schöffenliste erhoben.[1] Während es Schöffen anders als Richtern und Staatsanwälten in Baden-Württemberg erlaubt ist, religiöse Symbole und Kleidungsstücke vor Gericht zu tragen, haben Nordrhein-Westfalen und andere Länder ihre für die Justiz geltenden Neutralitätsregelungen auch auf das Schöffenamt erstreckt.[2]

Die anhängigen Verfassungsbeschwerden können nicht nur zum Anlass genommen werden, um sich noch einmal mit ausgewählten Facetten und aktuellen Fällen im Kontext des Neutralitätsgrundsatzes zu beschäftigen. Sie eigneten sich daneben auch als Inspiration für eine Klausur im Verfassungsrecht, die im November 2025 in der Übung im Öffentlichen Recht für Anfänger bei Herrn Professor Kube von Studierenden des dritten Fachsemesters geschrieben wurde.

---

1 Die Verfassungsbeschwerdeverfahren werden unter den Aktenzeichen 2 BvR 180/25 und 2 BvR 245/25 geführt.

2 Siehe nur § 2 JNeutG NW; zur in Baden-Württemberg geltenden Ausnahme für Schöffen vgl. § 21 Abs. 3 S. 2 AGGVG.

II. Das Neutralitätsgebot in der BVerfG-Rechtsprechung

Auch wenn ihre entstehungsgeschichtlichen Wurzeln noch weiter zurückreichen, ist die Forderung, der Staat müsse sich in religiösen und weltanschaulichen Angelegenheiten neutral verhalten, spätestens seit der Weimarer Republik Gegenstand intensiver wissenschaftlicher Debatten.[3] Während unter religiöser Neutralität vor dem Zweiten Weltkrieg noch vordergründig eine Zurückhaltung des Staates gegenüber Eingriffen in kirchliche Angelegenheiten verstanden wurde, kreiste die Auseinandersetzung mit dem Grundgesetz in den 1960er Jahren um die Frage, ob der Neutralitätsgrundsatz eine „radikale" oder nur „hinkende" Trennung von Kirche und Staat fordere.[4] Noch heute sind viele Fragen ungeklärt; Existenz, Inhalt und Folgen einer staatlichen Neutralitätsverpflichtung umstritten.[5] Hieran konnte auch das Bundesverfassungsgericht, das sein heutiges Verständnis vom „Grundsatz weltanschaulich-religiöser Neutralität des Staates" maßgeblich 1995 im Kruzifix-Beschluss entwickelte, nur wenig ändern.[6]

1. Hergebrachte Maßstäbe der Rechtsprechung

Das Bundesverfassungsgericht sieht den Verfassungsgrundsatz in Art. 4 Abs. 1, Art. 3 Abs. 3 S. 1, Art. 33 Abs. 3, Art. 140 GG i.V.m. Art. 136 Abs. 1 und 4 sowie Art. 137 WRV verankert.[7] Er verbiete dem Staat als „Heimstatt aller Staatsbürger"[8], den religiösen Frieden in der Gesellschaft von sich aus

---

3 *H. M. Heinig*, JZ 2009, 1136 (1136).

4 Siehe *H. M. Heinig*, JZ 2009, 1136 (1136 f.) mit Nachweisen aus dem Schrifttum.

5 Zu neueren Debatten um den Neutralitätsgrundsatz vgl. ebenfalls *H. M. Heinig*, JZ 2009, 1136 (1137 ff.). Grundlegend *K. Schlaich*, Neutralität als verfassungsrechtliches Prinzip, 1972 und *S. Huster*, Die ethische Neutralität des Staates, 2002. Aus jüngerer Zeit *E. Bornemann*, Die religiös-weltanschauliche Neutralität des Staates, 2020; dezidiert kritisch *G. Czermak*, Religiös-weltanschauliche Neutralität, 2023.

6 BVerfGE 93, 1 ff. – Kruzifix.

7 Erstmalige Herleitung in BVerfGE 19, 206 (216); seither BVerfGE 24, 236 (246); 33, 23 (28); 93, 1 (17); 102, 370 (383); 105, 279 (294); 108, 282 (299); 138, 296 (338 Rn. 109); 153, 1 (36 Rn. 87). Angedeutet wurde der Neutralitätsgrundsatz bereits in BVerfGE 12, 1 (4); 19, 1 (8).

8 BVerfGE 19, 206 (216); 108, 282 (299); 138, 296 (338 Rn. 109); 153, 1 (36 Rn. 87).

zu gefährden.[9] Die Einführung staatskirchlicher Rechtsformen sei ihm deshalb genauso untersagt wie eine gleichheitswidrige Behandlung unterschiedlicher Religions- und Weltanschauungsgemeinschaften.[10] Insbesondere dürfe sich der Staat nicht mit einem bestimmten Glauben identifizieren.[11]

Allerdings betont das Bundesverfassungsgericht zugleich, dass die Neutralität des Staates „nicht als eine distanzierende im Sinne einer strikten Trennung von Staat und Kirche [...], sondern als eine offene und übergreifende, die Glaubensfreiheit für alle Bekenntnisse gleichermaßen fördernde Haltung" zu verstehen ist.[12]

Was aus diesen abstrakten Lehrsätzen für konkrete Einzelfälle zu folgen hat, lässt sich nicht immer prognostizieren. Nicht zu Unrecht wird dem Neutralitätsgrundsatz daher eine „ausgeprägte Elastizität" bescheinigt.[13] Mit Gewissheit lässt sich nur – wiederum abstrakt – sagen, dass sich der Neutralitätsgrundsatz grundrechtsdogmatisch zum einen auf den Schutzbereich der Glaubensfreiheit auswirkt. Für die Frage, ob ein Verhalten von Art. 4 Abs. 1 und 2 GG geschützt wird, kommt es nämlich maßgeblich auf das Selbstverständnis des Glaubensträgers an.[14] Zum anderen kann der Grundsatz als verfassungsimmanente Schranke herangezogen werden, um im Einzelfall einen Eingriff in die Glaubensfreiheit zu rechtfertigen.[15] Ob das Neutralitätsgebot aber auch durch eine private Grundrechtsausübung von Amtsträgern beeinträchtigt werden kann (*2.*), ein einklagbares, subjektives Recht vermittelt (*3.*) und als Prinzip im Sinne *Alexys* abwägungsfähig ist (*4.*), bedarf genauerer Erörterung.

---

9 BVerfGE 93, 1 (16 f.).

10 BVerfGE 24, 236 (247 f.); 93, 1 (17); 138, 296 (338 f. Rn. 109).

11 BVerfGE 93, 1 (17); 138, 296 (339 Rn. 109); 153, 1 (37 Rn. 87).

12 BVerfGE 138, 296 (339 Rn. 110); 153, 1 (37 Rn. 88).

13 *H. M. Heinig*, in: Huber/Voßkuhle, Grundgesetz, Bd. I, 8. Aufl. 2024, Art. 4 Rn. 103.

14 BVerfGE 24, 236 (247 f.); 138, 296 (329 Rn. 86); *U. Di Fabio*, in: Dürig/Herzog/Scholz, Grundgesetz, Stand: 107. EL 03.2025, Art. 4 Rn. 80. In seiner Entscheidung zu staatlichen Sektenwarnungen geht der Erste Senat sogar noch einen Schritt weiter und hält den Schutzbereich der Glaubensfreiheit schon gar nicht für eröffnet, sofern der Neutralitätsgrundsatz durch die Äußerungen nicht verletzt wird, vgl. BVerfGE 105, 279 (295).

15 So zum Beispiel in BVerfGE 153, 1 (36 ff. Rn. 86 ff.).

2. Beeinträchtigung auch durch „private Grundrechtsausübung“ von Amtsträgern

Als konsentiert darf wohl bezeichnet werden, dass der Neutralitätsgrundsatz dort beeinträchtigt wird, wo der Staat die Identifikation mit einem bestimmten Glauben veranlasst.[16] Ordnet etwa die Schulbehörde oder die Schulleitung an, dass an der Wand eines Unterrichtsraums in einer bekenntnisoffenen Gemeinschaftsschule ein gut sichtbares Kreuz als Symbol des christlichen Glaubens anzubringen ist, geht diese Maßnahme vom Staat selbst aus.[17] Anders als beim freiwilligen (!) Schulgebet oder Schulgottesdienst schafft der Staat hier nicht nur einen Raum, in dem er im Sinne eines „offenen“ Neutralitätskonzepts die religiöse Betätigung seiner Bürgerinnen und Bürger zulässt oder sogar fördert.[18] Vielmehr macht sich der Staat in diesem Fall einen bestimmten Glauben zu eigen, identifiziert sich mit ihm und gefährdet so – in den Worten der ständigen Rechtsprechung – von sich aus „den religiösen Frieden in der Gesellschaft“[19].

Das Bundesverfassungsgericht geht indes noch einen Schritt weiter: Der Staat verhalte sich auch dann nicht neutral, wenn ihm eine Identifikation mit Glaubensinhalten jenseits unmittelbarer Veranlassung zugerechnet werden kann.[20] Hierfür genüge es zwar noch nicht, dass er die „private Grundrechtsausübung seiner Amtsträger“ dulde.[21] Doch sei ihm das neut-

---

[16] Damit ist noch nicht gesagt, dass der Verstoß gegen das Neutralitätsgebot zugleich grundrechtlich relevant und für den Einzelnen rügefähig ist; hierzu sogleich *II.3.*

[17] Vgl. BVerfGE 138, 296 (336 f. Rn. 104).

[18] In diesem Sinne *S. Mückl*, in: Bonner Kommentar zum Grundgesetz, 231. EL 08.2025, Art. 4 Rn. 200. Zur verfassungsrechtlichen Zulässigkeit des Schulgebets siehe BVerfGE 52, 223 (241).

[19] So für Kreuze in staatlichen Einrichtungen statt vieler *M. Morlok*, in: Dreier, Grundgesetz-Kommentar, Bd. I, 3. Aufl. 2013, Art. 4 Rn. 136; *F. Brosius-Gersdorf/H. Gersdorf*, NVwZ 2020, 428 (429); *H. M. Heinig*, in: Huber/Voßkuhle, Grundgesetz (Fn. 13), Art. 4 Rn. 106; *U. Di Fabio* (Fn. 14), Art. 4 Rn. 166; a.A. etwa *M. Germann*, in: BeckOK Grundgesetz, Stand: 06.2025, Art. 4 Rn. 82 („Identifikationsangebote“).

[20] BVerfGE 108, 282 (300); 138, 296 (339 Rn. 110); 153, 1 (37 Rn. 88).

[21] Vgl. BVerfGE 138, 296 (336 f. Rn. 104); 153, 1 (38 Rn. 89).

ralitätswidrige Verhalten „eher zurechenbar", wenn er „auf das äußere Gepräge der Amtshandlung besonderen Einfluss" nimmt.[22] In seiner Entscheidung zur Kopftuch tragenden Rechtsreferendarin führte der Zweite Senat aus, dass der besondere Einfluss zwar nicht im „auf Offenheit und Pluralität" angelegten Schulkontext, wohl aber in der „formalisierte[n] Situation vor Gericht, die den einzelnen Amtsträgern auch in ihrem äußeren Auftreten eine klar definierte, Distanz und Gleichmaß betonende Rolle zuweist", gegeben sei.[23]

Dieses „Zurechnungsmodell" ist auf Kritik gestoßen. Entscheidend sei nicht die Zurechnung, sondern einzig die Identifikation des Staates mit Glaubensinhalten. Da das Tragen des Kopftuchs auf einer autonomen Entscheidung der Rechtsreferendarin als Grundrechtsträgerin beruhe, die der Staat weder hervorrufe noch beeinflusse, liege kein Verstoß gegen das Identifikationsverbot vor.[24]

Wenn die Funktion des staatlichen Neutralitätsgebots allerdings darin besteht, den religiösen Frieden *in der Gesellschaft* nicht zu gefährden, muss bei der Beurteilung einer Maßnahme auch ihre Rezeption *durch die Gesellschaft* berücksichtigt werden. Nimmt der Staat auf das äußere Erscheinungsbild der Amtsträger z.B. in Form einer Robenpflicht für Richter und Staatsanwälte besonderen Einfluss, verstärkt sich hierdurch für Bürgerinnen und Bürger der Eindruck, keiner Individualperson, sondern „dem Staat" gegenüberzustehen. Ob sich der Staat mit den religiösen Symbolen seiner Amtsträger identifiziert, kann er somit durch ein Regelungskonzept selbst entscheiden.[25] Kommt es hierbei zu einer Kollision mit den Grundrechten seiner Bediensteten, so sind diese mit dem Neutralitätsgrundsatz in einen angemessenen Ausgleich zu bringen. Die Lösung ist auf Ebene der Abwägung, nicht durch Restriktionen im Anwendungsbereich des Verfassungsgrundsatzes zu suchen.[26]

---

[22] BVerfGE 153, 1 (38 Rn. 90); vgl. auch *J. Oebbecke*, in: Handbuch des Staatskirchenrechts der Bundesrepublik Deutschland, Bd. I, 3. Aufl. 2020, § 41 Rn. 25.

[23] BVerfGE 153, 1 (39 Rn. 90) – Kopftuch III.

[24] *F. Brosius-Gersdorf/H. Gersdorf*, NVwZ 2020, 428 (429 ff.), die als Schranke für die Religionsausübung im Staatsdienst stattdessen das verfassungsrechtliche Mäßigungsgebot heranziehen.

[25] *J. Oebbecke* (Fn. 22), § 41 Rn. 24, der allerdings von „Zurechnung" spricht.

[26] Hierzu sogleich *II.4*.

3. Das Verhältnis zur negativen Glaubensfreiheit

Allgemein anerkannt ist der objektiv-rechtliche Gehalt des Neutralitätsgrundsatzes.[27] Ob auch ein individueller Abwehranspruch gegen neutralitätswidriges Staatshandeln besteht, hängt von der Reichweite grundrechtlicher Gewährleistungen ab. Das Bundesverfassungsgericht sucht die Lösung in der negativen Dimension der Glaubensfreiheit. Diese schütze auch die Freiheit, „kultischen Handlungen eines nicht geteilten Glaubens fernzubleiben."[28] Zwar gebe es grundsätzlich kein Recht, von religiösen Symbolen verschont zu bleiben. Davon zu unterscheiden sei aber „eine vom Staat geschaffene Lage, in der der Einzelne ohne Ausweichmöglichkeiten dem Einfluss eines bestimmten Glaubens [...] ausgesetzt ist."[29]

Auch diese Rechtsprechungslinie ist in der Literatur nicht unwidersprochen geblieben. Es wird argumentiert, dass aufgrund der negativen Dimension von Freiheitsgrundrechten zwar niemand gezwungen werden könne, von den geschützten Verhaltensweisen selbst Gebrauch zu machen, dass diese aber keinen Schutz vor der positiven Grundrechtsausübung anderer biete.[30] Das „falsche" Verständnis des Bundesverfassungsgerichts vom Schutzbereich der negativen Glaubensfreiheit sei letztlich dem Umstand geschuldet gewesen, dass es ansonsten an einem „Vehikel" fehlen würde, um Verstöße gegen den objektiv-rechtlichen Neutralitätsgrundsatz individuell anzugreifen.[31]

Den Kritikern ist zwar beizupflichten, dass die negative Seite von Grundrechten keinen „Konfrontationsschutz" gegenüber privater Grundrechtsausübung gewährleistet. Doch wird vielfach übersehen, dass die Beeinträchtigungswirkung sowohl beim Kreuz im Klassenraum als auch – wie soeben hergeleitet – beim Kopftuch der Rechtsreferendarin im Sitzungssaal eben nicht von grundrechtsberechtigten Privatpersonen, sondern vom

---

27 *G. Sydow*, in: Dreier, Grundgesetz-Kommentar, Bd. I, 4. Aufl. 2023, Art. 4 Rn. 154; *U. Mager*, in: v. Münch/Kunig, Grundgesetz-Kommentar, Bd. I, 8. Aufl. 2025, Art. 4 Rn. 37.

28 BVerfGE 93, 1 (15 f.); 108, 282 (301 f.); 138, 296 (336 Rn. 104); 153, 1 (41 Rn. 91).

29 Ebd.

30 Vgl. *D. Merten*, FS Stern, 1997, S. 987 (995); *S. Mückl*, in: Bonner Kommentar zum Grundgesetz, Stand: 231. EL 08.2025, Art. 4 Rn. 169 f.

31 *G. Sydow* (Fn. 27), Art. 4 Rn. 121.

grundrechtsverpflichteten Staat ausgeht.[32] Jede staatliche Identifikation mit Glaubenssymbolen, sei sie veranlasst oder bloß zurechenbar, hat – eine unausweichliche Situation vorausgesetzt – „appellativen Charakter" und kann sich auf die von Art. 4 Abs. 1 und 2 GG geschützte innere Freiheit auswirken, sich *nicht* mit den Inhalten eines Glaubens oder dem eigenen Verhältnis zu Religion auseinandersetzen zu müssen.[33] Eine Konfrontation mit Glaubensinhalten durch „missionierende" *Privat*personen, vor der die negative Glaubensfreiheit freilich keinen Schutz bietet, ist hiervon grundrechtsdogmatisch zu unterscheiden.[34]

Für das Verhältnis von Neutralitätsgrundsatz und negativer Glaubensfreiheit bleibt Folgendes festzuhalten: Indem das Bundesverfassungsgericht für einen Eingriff in die negative Glaubensfreiheit – der allgemeinen Dogmatik für Grundrechtseingriffe folgend – eine gewisse Beeinträchtigungswirkung verlangt, diese für einen Verstoß gegen das objektiv-rechtliche Neutralitätsgebot hingegen nicht voraussetzt, ist es nicht ausgeschlossen, dass eine Maßnahme objektiv zwar verfassungswidrig, subjektiv aber nicht rügefähig ist. Es wird daher im Ergebnis wohl jeder Eingriff in die negative Glaubensfreiheit zugleich eine Beeinträchtigung des Neutralitätsgrundsatzes implizieren, andersherum aber nicht jedes neutralitätswidrige Staatshandeln in die negative Glaubensfreiheit nach Art. 4 Abs. 1 und 2 GG eingreifen.[35]

4. Der Neutralitätsgrundsatz als abwägungsfähiges Prinzip

Kollidiert der Neutralitätsgrundsatz wie im Fall der Kopftuch tragenden Rechtsreferendarin mit der Glaubensfreiheit der Amtsträgerin oder des

---

[32] Vgl. *L. Friedrich*, NVwZ 2018, 1007 (1008 f.).

[33] Zum „appellativen Charakter" eines Kreuzes im Klassensaal BVerfGE 93, 1 (20).

[34] So im Ergebnis richtig *A. Frhr. v. Campenhausen*, in: Isensee/Kirchhof, HStR Bd. VII, 3. Aufl. 2009, § 157 Rn. 130, der aber nicht hinreichend zwischen privat und staatlich veranlasster Verwendung religiöser Symbole unterscheidet.

[35] Anders *H. M. Heinig*, in: Huber/Voßkuhle, Grundgesetz (Fn. 13), Art. 4 Rn. 105, nach dem mit einer Verletzung des Neutralitätsgrundsatzes immer auch eine Verletzung von Grundrechten verbunden sein muss.

Amtsträgers, muss durch Abwägung entschieden werden, welchem Verfassungsgut Vorrang zu gewähren ist.[36] Die Neutralität des Staates zum abwägungsfähigen Prinzip zu erklären, birgt indes die Gefahr, das Identifikationsverbot insgesamt in Frage zu stellen.[37] Eine Abwägung sollte daher nur dort zulässig sein, wo der Konflikt aus der Grundrechtsausübung eines Amtsträgers resultiert. Für die „überindividuelle Ebene" bleibt es hingegen dabei, dass jede neutralitätswidrige Selbstdarstellung des Staates zugleich auch verfassungswidrig ist.[38] Das durch die Schulbehörde angeordnete Aufhängen eines Kreuzes im Klassensaal lässt sich daher nicht rechtfertigen. Es ist als Beeinträchtigung des staatlichen Neutralitätsgebots in jedem Fall unzulässig.

III. Irrungen, Wirrungen in aktuellen Fällen

Aktuelle Fälle haben nicht nur „Wirrungen" über die soeben herausgearbeiteten, dogmatischen Zusammenhänge von objektiver Neutralitätsverpflichtung und subjektiven Grundrechtspositionen hervorgerufen, sondern im Fall des „Bayerischen Kreuzerlasses" auch eine „Irrung" des Bundesverwaltungsgerichts provoziert.

1. Der Bayerische Kreuzerlass

Im Jahr 2018 ordnete die Bayerische Landesregierung per Verwaltungsvorschrift an, dass im Eingangsbereich aller Dienstgebäude „als Ausdruck der geschichtlichen und kulturellen Prägung Bayerns" ein gut sichtbares Kreuz anzubringen ist.[39] Hiergegen wandten sich öffentlich-rechtlich organisierte Weltanschauungsgemeinschaften vor den Verwaltungsgerichten.

---

[36] Siehe BVerfGE 153, 1 (39 Rn. 90, 46 ff. Rn. 101 ff.).

[37] *C. Bumke/A. Voßkuhle*, Casebook Verfassungsrecht, 9. Aufl. 2023, Rn. 598.

[38] Ebd.

[39] Siehe § 28 der Allgemeinen Geschäftsordnung für die Behörden des Freistaats Bayern (AGO).

a. Art. 3 Abs. 3 S. 1 GG „im Lichte" des Neutralitätsgebots?

Der VGH München hatte keine Schwierigkeiten, einen Verstoß der Verwaltungsvorschrift gegen das objektiv-rechtliche Neutralitätsgebot festzustellen. Im Anschluss an die Kruzifix-Entscheidung des Bundesverfassungsgerichts sei das Kreuz „Symbol einer bestimmten religiösen Überzeugung und nicht etwa nur Ausdruck der vom Christentum mitgeprägten abendländischen Kultur."[40] Problematisch erwies sich hingegen die individuelle Betroffenheit der Kläger. Da die klagenden Weltanschauungsgemeinschaften durch den „Kreuzerlass" weder daran gehindert worden seien, sich weltanschaulich zu betätigen, noch im Verhältnis zu anderen Glaubens- und Weltanschauungsgemeinschaften in gleichheitswidriger Weise Ausgrenzung erfahren hätten, scheide sowohl eine Verletzung von Art. 4 Abs. 1 und 2 GG als auch eine diskriminierende Ungleichbehandlung nach Art. 3 Abs. 3 S. 1 GG aus.[41] Das Kreuz im Eingangsbereich sei nämlich „ein im wesentlichen passives Symbol ohne missionierende oder indoktrinierende Wirkung" und bringe den Besucher einer Behörde wegen des nur flüchtigen Kontakts in keine unausweichliche Konfrontationslage.[42]

Die anschließende Revision vor dem Bundesverwaltungsgericht blieb zwar ebenfalls erfolglos. Allerdings „aktivierte" der 10. Senat den besonderen Gleichheitssatz aus Art. 3 Abs. 3 S. 1 GG als „Hebel", um einen Verstoß gegen den objektiv-rechtlichen Neutralitätsgrundsatz auch in solchen Konstellationen subjektiv geltend machen zu können, in denen es an der für Eingriffe in Art. 4 GG vorausgesetzten Belastungswirkung fehlt.[43] Bislang war die Literatur wohl stillschweigend davon ausgegangen, dass die Anforderungen an Eingriffe in die Glaubensfreiheit und an Ungleichbehandlungen wegen des Glaubens parallel verlaufen würden: Ist die Konfrontation mit dem religiösen Symbol nur „flüchtig", liege weder eine Ver-

---

40 VGH München, NVwZ 2022, 1837 (1838 Rn. 25).

41 Vgl. VGH München, NVwZ 2022, 1837 (1839 f. Rn. 25 ff.).

42 VGH München, NVwZ 2022, 1837 (1840 Rn. 33); *A. Halbig*, NVwZ 2021, 768 (770).

43 Vgl. *G. Czermak*, DÖV 2024, 511 (518): „*Subjektivrechtlich* ist im Neutralitätsbegriff zumindest eine zusammenfassende Bezeichnung der einschlägigen Gleichheitsrechte zu sehen".

kürzung grundrechtlicher Freiheit noch eine diskriminierende Ungleichbehandlung vor.[44] Das Bundesverwaltungsgericht legt das individuelle Grundrecht aus Art. 3 Abs. 3 S. 1 GG derweil ausdrücklich und im Gegensatz zu Art. 4 Abs. 1 und 2 GG „im Lichte des Grundsatzes weltanschaulich-religiöser Neutralität" aus.[45]

b. Irrweg des BVerwG: Das Kreuz „als Ausdruck der geschichtlichen und kulturellen Prägung Bayerns"

Dass das Bundesverwaltungsgericht diese Tür überhaupt öffnet, überrascht umso mehr, weil ein Verstoß gegen den „Grundsatz weltanschaulich-religiöser Neutralität" in der Folge abgelehnt wird. Durch die Verwendung des Kreuzes identifiziere sich der Freistaat Bayern, was sich schon aus dem Wortlaut der Regelung ergebe, „nicht mit christlichen Glaubenssätzen."[46] Es diene vielmehr „in einem spezifischen Kontext der Darstellung des staatlichen Eigenverständnisses Bayerns."[47]

Dieser „Irrweg" des Bundesverwaltungsgerichts, der sich in offenen Widerspruch zur Auslegung des Bundesverfassungsgerichts in der Kruzifix-Entscheidung aus dem Jahr 1995 setzt, ist zu Recht auf Kritik im Schrifttum gestoßen.[48] Obwohl dem Kreuz auch andere, säkulare Bedeutungen beigemessen werden können, ist es jedenfalls *auch* zentrales Symbol des Christentums.[49] Hieran ändert auch der zum Ausdruck gebrachte Wille der bayerischen Landesregierung nichts, die das Kreuz in Behörden areligiös verstanden wissen möchte. Da der Staat grundrechtsverpflichtet und nicht grundrechtsberechtigt ist, kommt es nicht auf das Verständnis der Landesregierung, sondern auf die objektive Empfängerperspektive an.[50] Dass der

---

[44] So auch in der Vorinstanz der VGH München, NVwZ 2022, 1837 ff. Gegen einen Gleichlauf jetzt ausdrücklich *T. Aydin*, NVwZ 2024, 1072 (1074), der eine Erheblichkeitsschwelle bei Art. 3 Abs. 3 S. 1 GG ablehnt.

[45] BVerwG, NVwZ 2024, 673 (675 Rn. 24).

[46] BVerwG, NVwZ 2024, 673 (675 Rn. 28).

[47] Ebd.

[48] *T. Aydin*, NVwZ 2024, 1072 ff.; *S. Muckel*, JZ 2024, 724 (726 ff.).

[49] BVerfGE 93, 1 (19 f.); *T. Aydin*, NVwZ 2024, 1072 (1073); *S. Muckel*, JZ 2024, 724 (728).

[50] BVerfGE 108, 282 (304); 93, 1 (19 f., 24); *A. Halbig*, NVwZ 2021, 768 (769); *C. Waldhoff*, JuS 2022, 1182 (1184); *T. Aydin*, NVwZ 2024, 1072 (1073).

Besucher einer Behörde in einem Kreuz derweil ausschließlich (!) eine Referenz auf die geschichtlichen und kulturellen Wurzeln des Freistaats Bayern erblickt, darf getrost als realitätsfern bezeichnet werden. Es verwundert daher nicht, dass gegen das Urteil des Bundesverwaltungsgerichts Verfassungsbeschwerde erhoben wurde.[51] Ob das Bundesverfassungsgericht der vertretbaren Auslegung des VGH München folgt oder den objektiv-rechtlichen Neutralitätsgrundsatz stärker als in der Vergangenheit subjektiviert, darf mit Spannung erwartet werden.[52] Nahezu sicher ist hingegen, dass die Karlsruher Richterinnen und Richter im Gegensatz zum Bundesverwaltungsgericht eine verbotene Identifikation des Staates mit dem Christentum und damit einen Verstoß gegen den Neutralitätsgrundsatz feststellen werden.

2. Das Kruzifix im Eingangsbereich einer Schule

Einen solchen Verstoß gegen den Neutralitätsgrundsatz stellte unlängst auch der VGH München fest. Dieser hatte darüber zu befinden, ob die Nichtentfernung eines Kruzifixes in einer bayerischen Schule die negative Glaubensfreiheit zweier Schülerinnen verletzt.[53] Mit seiner stattgebenden Entscheidung folgt der 7. Senat des VGH München wie zuvor bereits der 5. Senat im Urteil zum „Kreuzerlass" der Rechtsprechungslinie des Bundesverfassungsgerichts zu religiösen Symbolen im schulischen Kontext. Anders als im Jahr 1995 war das Kruzifix aber nicht in einem Unterrichtsraum, sondern im Eingangsbereich eines Gymnasiums angebracht. Entscheidend für die individuelle Rügefähigkeit des Neutralitätsverstoßes war daher erneut Frage, ob die Schülerinnen und Schüler *ohne Ausweichmöglichkeit* mit dem religiösen Symbol konfrontiert wurden. Ein Vergleich mit dem Kreuz im Eingangsbereich von Behörden lässt auf den ersten Blick vermuten, dass die Schwelle zum Grundrechtseingriff wegen des nur „flüchtigen" Kontakts mit dem christlichen Symbol auch hier nicht überschritten wurde. Doch arbeitet der VGH München in überzeugender Weise heraus, dass die Konfrontation der Schülerinnen mit dem Kreuz zwar stets nur kurz, wegen der Schulpflicht (vgl. Art. 35 BayEUG) aber im

---

[51] Aktenzeichen 1 BvR 927/24.

[52] Eine stärkere Subjektivierung befürwortet *T. Aydin*, NVwZ 2024, 1072 (1075).

[53] VGH München (7. Senat), Urt. v. 08.07.2025 – 7 BV 21.336, BeckRS 2025, 15664.

Gegensatz zum einmaligen „Behördengang" wiederkehrend und damit unausweichlich war.[54] Neben der Größe und Positionierung des religiösen Symbols kommt es für die Grundrechtsrelevanz maßgeblich darauf an, ob für die Betroffenen eine Pflicht besteht, den räumlichen Einwirkungsbereich des Symbols wiederholt aufzusuchen.

3. Das Verbot religiöser Symbole für Schöffen

Die unter *II.* thematisierten „Wirrungen" zur Dogmatik der staatlichen Neutralitätsverpflichtung sind schließlich auch für die anhängigen Verfassungsbeschwerden gegen das gesetzliche Verbot religiöser Symbole und Kleidungsstücke für Schöffen relevant. Dass grundsätzlich auch eine dem Staat zurechenbare Grundrechtsausübung von Amtsträgern gegen den Neutralitätsgrundsatz verstoßen kann, ist bereits oben aufgezeigt worden.[55] Ob sich eine Zurechnung aber auch dann noch plausibel begründen lässt, wenn die Funktion des Amtes darin besteht, nicht den Staat, sondern – wie im Fall der Schöffinnen und Schöffen – die Gesellschaft zu repräsentieren, wird in der Literatur unterschiedlich beurteilt.[56]

Die Verankerung des Schöffenamtes in der gesellschaftlichen Sphäre wird vielfach mit § 36 Abs. 2 S. 1 und § 42 Abs. 2 GVG begründet, wonach „alle Gruppen der Bevölkerung nach Geschlecht, Alter, Beruf und sozialer Stellung" bei der Wahl angemessen zu berücksichtigen sind. Auch im Anschluss an die Wahl zeige sich die Repräsentationsfunktion daran, dass Schöffen vor Gericht keine Roben tragen. Der staatliche Einfluss auf das äußere Gepräge der Amtshandlung ist somit geringer als bei Berufsrichtern und Staatsanwälten. Auf der anderen Seite sitzen Schöffen während der Hauptverhandlung auf der Richterbank und sind in den formalisierten Ablauf gerichtlicher Sitzungen eingebunden. Sie sind nach § 30 Abs. 1 GVG

---

[54] VGH München, BeckRS 2025, 15664 Rn. 45 ff.

[55] Siehe oben *II.2.*

[56] Ein gesetzliches Verbot religiöser Symbole für Schöffen halten für verfassungswidrig etwa *K. Groh*, NVwZ 2006, 1023 (1026); *J. Bader*, NJW 2007, 2964 (2966); *H. Mayer*, in: Kissel/Mayer, GVG, 11. Aufl. 2025, § 31 Rn. 14; zweifelnd *D. Gittermann*, in: Löwe-Rosenberg, StPO, 27. Aufl. 2022, § 31 GVG Rn. 19c; a.A. hingegen *J. v. Zons*, NVwZ 2025, 220 ff.; implizit wohl auch *M. Goers*, in: BeckOK GVG, Stand: 08.2025, § 31 Rn. 17 und § 52 Rn. 15; offenlassend *U. Di Fabio* (Fn. 14), Art. 4 Rn. 208 ff.

gleichberechtigte Mitglieder des Spruchkörpers, verfügen über dieselben Mitwirkungs- und Stimmrechte wie Berufsrichter. Trotz ihrer hergebrachten Aufgabe, die Justiz zu kontrollieren und die demokratische Legitimation gerichtlicher Entscheidungen zu erhöhen,[57] üben Schöffen damit „echte Richterkraft"[58] aus. Diese funktionale Vergleichbarkeit von Laien- und Berufsrichtern rechtfertigt es, neutralitätswidrige Glaubensbekundungen von Schöffen dem Staat zuzurechnen.

Damit ist indes noch nicht entschieden, dass ein „religiöses Bekleidungsverbot" für Schöffen auch materiell verfassungsgemäß ist. Tritt der Neutralitätsgrundsatz in Konflikt mit der Glaubensfreiheit der Amtsträger, muss die gesetzliche Regelung einen angemessenen Ausgleich der verschiedenen Verfassungsgüter herstellen.[59] Für ein Verbot streitet neben dem Neutralitätsgebot auch die negative Glaubensfreiheit der anderen Verfahrensbeteiligten und die Funktionsfähigkeit der Justiz.[60] „Zu welcher Seite das Pendel [...] ausschlägt, ist [bis zur ausstehenden „Kopftuch IV-Entscheidung" des Bundesverfassungsgerichts] eine offene Frage, die auf die eine oder die andere Weise beantwortet werden kann."[61]

---

57 Vgl. *U. Di Fabio* (Fn. 14), Art. 4 Rn. 210; *K. Groh*, NVwZ 2006, 1023 (2026); *J. Bader*, NJW 2007, 2964 (2966).

58 *H. Schorn*, Der Laienrichter in der Strafrechtspflege, 1955, S. 4.

59 Zur Abwägungsfähigkeit des Neutralitätsgrundsatzes siehe bereits oben *II.4.*

60 Vgl. BVerfGE 153, 1 (36 ff.).

61 *U. Di Fabio* (Fn. 14), Art. 4 Rn. 208.

Beste Studienarbeit im Schwerpunktbereich Steuerrecht 2025

Die Steuerrechtswissenschaftliche Vereinigung Heidelberg e.V. zeichnet jährlich die beste Studienarbeit im Schwerpunktbereich Steuerrecht an der Juristischen Fakultät der Universität Heidelberg aus.

Der nachfolgende Beitrag basiert auf der Studienarbeit des Preisträgers des Jahres 2025, *Leo Gabriel Kunstmann*.

Der Erwerb eigener Anteile im Körperschaftsteuerrecht

Leo Kunstmann

I. Dualität eigener Anteile

In der wirtschaftlichen Praxis können mit dem Erwerb eigener Anteile eine Vielzahl verschiedener Zwecke verfolgt werden. So kann die Motivation beispielsweise darin bestehen, die erworbenen Anteile als Erfolgsbeteiligung für eigene Mitarbeiter oder auch als Akquisitionswährung zu verwenden.[1] Ebenso kann der Erwerb jedoch auch schlicht der Ausschüttung entbehrlichen Kapitals dienen oder mit dem Ziel der späteren Einziehung dieser Anteile erfolgen.[2]

Im Gegensatz zur Einziehung berührt der bloße Erwerb nicht die Existenz der Anteile, führt bei der Gesellschaft jedoch zum Ruhen sämtlicher mit dem Geschäftsanteil verbundenen Vermögensrechte.[3]

Grundlage der Problematik der Einordnung des Erwerbs eigener Anteile ist deren Doppelnatur.[4]

Da die Anteile der Gesellschaft nach Erwerb lediglich ihr eigenes Vermögen zuweisen, stellen sie keine werthaltige Vermögensposition dar.[5] Einen aus der möglichen Wiederveräußerung resultierenden Veräußerungserlös könnte die Gesellschaft ebenso durch eine Kapitalerhöhung erreichen.[6] Mithin lassen sie sich unter wirtschaftlicher Betrachtungsweise einerseits als bloße Korrekturposten zum Eigenkapital qualifizieren, da jeder Rückkauf eigener Anteile im Ergebnis einer Auskehr frei verfügbarer Rücklagen entspricht.[7]

Andererseits können sie beispielsweise bei der Ausgabe von Belegschaftsaktien gem. § 71 Abs. 1 Nr. 2 AktG oder im Falle von Abfindungen außenstehender Aktionäre bei Unternehmensverträgen gem. § 305 Abs. 2 AktG echte Vermögenswerte repräsentieren und sich somit als Vermögensgegenstände darstellen.[8]

---

1 *Z. Schneider*, Kapitalschutz nach dem Bilanzrechtsmodernisierungsgesetz, 2014, S. 263.

2 *T. Bezzenberger*, Erwerb eigener Aktien durch die AG, 2002, S. 60.

3 *J. Schiffers*, GmbHR 2014, 79 (79).

4 *F. Wassermeyer*, FS Schmidt, 1993, S. 621 (621).

5 *T. Bezzenberger* (Fn. 2), S. 2.

6 *J. Schiffers* (Fn. 3), 79.

7 *J. Blumenberg/S. Roßner*, GmbHR 2008, 1080 (1081); *Z. Schneider* (Fn. 1), S. 262.

8 *D. Schmidtmann*, StuW 2010, 286 (286).

Die sich daraus ergebende Diskussion für die steuerrechtliche Bewertung galt durch das BMF-Schreiben vom 2.12.1998[9] als weitestgehend geklärt. Erst aufgrund der Änderung der Bilanzierung eigener Anteile durch das BilMoG, das am 29.5.2009 in Kraft trat, erlangte der Diskurs an Relevanz. Das BMF hob daraufhin mit Schreiben vom 10.8.2010[10] den Erlass zur steuerrechtlichen Behandlung eigener Anteile vom 2.12.1998 für alle Fälle des Halbeinkünfteverfahrens auf und nahm mit Schreiben vom 27.11.2013[11] Stellung zur steuerrechtlichen Bewertung des Erwerbs eigener Anteile unter dem BilMoG.

Die aktuelle Handhabung der Bilanzierung eigener Anteile wirft in handelsbilanzrechtlicher Hinsicht vordergründig Fragen bezüglich des geltenden Kapitalschutzsystems auf, während bei der steuerrechtlichen Beurteilung insbesondere das steuerliche Einlagekonto und dessen Zugriffsmöglichkeiten im Vordergrund stehen.

Um der Verknüpfung der verschiedenen Rechtsgebiete Rechnung zu tragen, werden der bilanz- und steuerrechtlichen Behandlung einige gesellschaftsrechtliche Grundlagen bezüglich der Zulässigkeit des Erwerbs eigener Anteile vorangestellt. Dem folgt die handelsbilanzrechtliche Behandlung eigener Anteile unter Berücksichtigung der Änderungen durch das BilMoG, die den Ausgangspunkt für die anschließende steuerrechtliche Bewertung bildet. Abschließende Ausführungen betreffen Besonderheiten, die sich für den Erwerb eigener Anteile durch Gesellschaften, deren Haupttätigkeit im Erwerb und Halten von Beteiligungen besteht, aus § 8b Abs. 7 S. 2 KStG ergeben.

Dabei kann sowohl die Erläuterung der handelsrechtlichen Bilanzierung des Erwerbs eigener Anteile als auch die steuerrechtliche Bewertung rechtsformunabhängig erfolgen. Lediglich bezüglich der gesellschaftsrechtlichen Rahmenbedingungen ist zwischen dem Erwerb durch eine AG und durch eine GmbH zu unterscheiden.

---

9 Vgl. BMF-Schreiben v. 2.12.1998 – IV C 6 – S 2741 – 12/98.

10 Vgl. BMF-Schreiben v. 10.8.2010 – IV C 2 – S 2742/07/10009.

11 Vgl. BMF-Schreiben v. 27.11.2013 – IV C 2 – S 2742/07/10009.

II. Gesellschaftsrechtliche Bewertung

AG und GmbH ist es grundsätzlich möglich, eigene Aktien bzw. Geschäftsanteile zu erwerben.[12] Die AG darf eigene Aktien jedoch nur in den in § 71 Abs. 1 AktG aufgeführten Fällen erwerben und die Gesamtzahl darf gem. § 71 Abs. 2 S. 1 AktG höchstens 10 % des Grundkapitals betragen. Für die GmbH gilt ein Verbot des Erwerbs nicht voll eingezahlter Geschäftsanteile gem. § 33 Abs. 1 GmbHG. Insbesondere ist ein Erwerb eigener Anteile bei beiden Rechtsformen nur zulässig, wenn gem. § 71 Abs. 2 S. 2 AktG bzw. § 33 Abs. 2 S. 1 GmbHG eine Rücklage in Höhe der Aufwendungen für den Erwerb gebildet werden könnte, ohne das zur Deckung des Stammkapitals erforderliche Vermögen angreifen zu müssen.[13]

Ob bezüglich des maßgeblichen Zeitpunkts dieser fiktiven Rücklagenbildung lediglich auf die Verhältnisse zum Zeitpunkt der Leistung durch die Gesellschaft abzustellen ist oder die Voraussetzungen kumulativ auch bei Vertragsschluss vorliegen müssen, wurde durch die höchstrichterliche Rechtsprechung offengelassen.[14]

Aufgrund der rechtsformneutralen Ausgestaltung des Ausweises eigener Anteile ist davon auszugehen, dass die gesellschaftsrechtlichen Voraussetzungen der Zulässigkeit des Erwerbs eigener Anteile für die handels- und steuerrechtliche Bewertung grundsätzlich unbeachtlich sind, es sei denn, sie schließen den dinglichen Vollzug des Erwerbs aus.[15]

Die Nichtigkeit des Erfüllungsgeschäfts ist lediglich die Rechtsfolge bei Verstößen gegen § 33 Abs. 1 GmbHG,[16] während Verstöße gegen die übrigen Vorschriften das dingliche Geschäft unberührt lassen und mithin unbeachtlich für die handels- und steuerrechtliche Behandlung sind.

---

12 *R. Hüttemann*, FS Herzig, 2010, S. 595 (596).

13 RegBegr BT-Drucks. 8/1347, S. 41: https://dserver.bundestag.de/btd/08/013/0801347.pdf (letzter Aufruf 13.10.2025).

14 BGH, NJW 1998, 3121 (3122).

15 *S. Mock*, in: Hachmeister/Kahle/Mock/Schüppen, Bilanzrecht, 3. Aufl. 2020, § 272 Rn. 85.

16 RegBegr BT-Drucks. 8/1347, S. 41: https://dserver.bundestag.de/btd/08/013/0801347.pdf (letzter Aufruf 13.10.2025).

III. Handelsbilanzrechtliche Bewertung

Mit dem BilMoG wurde die Bilanzierung eigener Anteile für Geschäftsjahre, die nach dem 31.12.2009 beginnen, neu geregelt.

IV. Bilanzierung vor dem BilMoG

Vor Inkrafttreten des BilMoG wurde der Erwerb eigener Anteile grundsätzlich als Anschaffungsvorgang behandelt.[17] Eigene Anteile waren als Vermögensgegenstände gem. §§ 265 Abs. 3 S. 2, 266 Abs. 2 Abschn. B. III. 2 HGB a.F. auf der Aktivseite der Bilanz als Umlaufvermögen mit den Anschaffungskosten gem. § 255 Abs. 1 HGB zu aktivieren. Im Gegenzug war gem. § 272 Abs. 4 HGB a.F. i.V.m. § 71 Abs. 2 S. 2 AktG a.F. bzw. § 33 Abs. 2 S. 1 GmbHG a.F. auf der Passivseite eine korrespondierende Rücklage für eigene Anteile zu buchen. Dieser Rücklagenbetrag war aus frei verfügbaren Rücklagen zu bilden und diente mithin als Ausschüttungssperre.[18]

Eine Ausnahme galt seit dem KonTraG vom 27.4.1998 für eigene Anteile, die zum Zwecke der Einziehung erworben wurden.[19] Diese Anteile waren gem. § 272 Abs. 1 S. 4-6 HGB a.F. nicht als Vermögensgegenstand anzusetzen, sondern auf der Passivseite in Form eines Nettoausweises mit dem Eigenkapital zu verrechnen.

1. Bilanzierung nach dem BilMoG

Seit Geltung des BilMoG ist der Erwerb eigener Anteile auf Ebene der Gesellschaft unabhängig vom Zweck des Erwerbs als Kapitalherabsetzung zu qualifizieren.[20] Der Nennbetrag oder, falls ein solcher nicht vorhanden ist, der rechnerische Wert der erworbenen eigenen Anteile ist gem. § 272

---

[17] *J. Blumenberg/F. Lechner*, DB 2014, 141 (141).

[18] *S. Köhler*, DB 2011, 15 (15).

[19] Vgl. Gesetz zur Kontrolle und Transparenz im Unternehmensbereich vom 27.4.1998, BGBl. I 1998, S. 786.

[20] *G. Breuninger/M. Müller*, GmbHR 2011, 10 (12).

Abs. 1a S. 1 HGB in der Vorspalte offen von dem Posten „Gezeichnetes Kapital" abzusetzen. Ein möglicher Unterschiedsbetrag zwischen dem Nennbetrag bzw. dem rechnerischen Wert und den Anschaffungskosten ist gem. § 272 Abs. 1a S. 2 HGB mit den frei verfügbaren Rücklagen, also mit nicht besonders gegen Ausschüttungen gesperrten Rücklagen, zu verrechnen.[21] Das führt bei einem positiven Unterschiedsbetrag zu einer Minderung, bei einem negativen Unterschiedsbetrag zu einer Erhöhung der freien Rücklagen.[22]

Anschaffungsnebenkosten sind gem. § 272 Abs. 1a S. 3 HGB Aufwand des Geschäftsjahres und umfassen Kosten, die dem ursprünglichen Eigentümer der Anteile aufgrund der Veräußerung, nicht als Gegenleistung für die Übertragung der Anteile zufließen.[23]

Diese Behandlung des Erwerbs eigener Anteile soll dem wirtschaftlichen Gehalt des Anteilsrückkaufs Rechnung tragen, bei dem es sich um eine Auskehr frei verfügbarer Rücklagen an die Anteilseigner handele.[24]

2. Kapitalschutz

Mit dem durch das BilMoG vollzogenen Übergang vom Brutto- zum Nettoausweis eigener Anteile stellen sich insbesondere Fragen hinsichtlich des Kapitalschutzes.

Zuvorderst sind diese für den klassischen Erwerbsfall über pari zu beurteilen, bei dem der Erwerbspreis den Nennwert bzw. rechnerischen Wert der eigenen Anteile übersteigt. Waren nach alter Rechtslage die vollständigen Anschaffungskosten der eigenen Anteile in eine gebundene Rücklage einzustellen, so wird nach neuer Rechtslage lediglich der Unterschiedsbetrag zwischen dem Nennwert und den Anschaffungskosten mit den freien Rücklagen verrechnet.[25] Die erfolgsneutrale Absetzung des Nennbetrags

---

[21] *U. Störk/B. Kliem/H. Meyer*, in: Beck'scher Bilanzkommentar, 13. Aufl. 2022, § 272 Rn. 123.

[22] *C. Theile*, Bilanzrechtsmodernisierungsgesetz, 2. Aufl. 2009, § 272 Rn. 8.

[23] *S. Mock* (Fn. 15), § 272 Rn. 106.

[24] RegBegr BT-Drucks. 16/10067, S. 65: https://dserver.bundestag.de/btd/16/100/1610067.pdf (letzter Aufruf: 13.10.2025).

[25] *M. Kessler/S. Suchan*, FS Hommelhoff, 2012, S. 509 (510).

gegen das gezeichnete Kapital führt hingegen lediglich zu einer bilanziellen Vernichtung in dieser Höhe, die eine Ausschüttung der Aktivmittel an die Anteilseigner in Höhe des Gesamtnennbetrags jedoch nicht unterbinden kann.[26]

Die frei verfügbaren Rücklagen auf der Passivseite sind unter Anwendung des § 272 Abs. 1a HGB also höher als unter Anwendung des alten Rechts, und zwar um den Nennbetrag der erworbenen eigenen Anteile.[27] Diese erhöhte Rücklage steht bei einer ausschließlich bilanziellen Betrachtung für eine Ausschüttung zur Verfügung.[28]

Dem steht auch nicht die Verpflichtung zur Rücklagenbildung gem. § 71 Abs. 2 S. 2 AktG bzw. § 33 Abs. 2 S. 1 GmbHG entgegen, da diese lediglich hypothetisch und nicht wie vor dem BilMoG tatsächlich dauerhaft zu bilden ist.[29]

Der Gesetzesbegründung ist jedoch zu entnehmen, dass der Übergang von der real zu bildenden ausschüttungsgesperrten Rücklage hin zur hypothetischen ausschließlich dem Wegfall der Aktivierung der eigenen Anteile geschuldet ist.[30] Trotz dieses Wegfalls solle am bisherigen bewährten Denkmodell festgehalten werden, weshalb der Gesetzgeber nicht die Intention einer Schwächung des Kapitalschutzes bzw. einer Verschiebung der Ausschüttungsgrenzen verfolgte und mithin von einer zu schließenden planwidrigen Regelungslücke auszugehen ist.[31]

a. GmbH

Gem. § 30 Abs. 1 S. 1 GmbHG darf das zur Erhaltung des Stammkapitals erforderliche Vermögen der Gesellschaft nicht an die Gesellschafter ausgezahlt werden. Ob der bilanzielle Mehrbetrag ausschüttungsfähig ist, richtet

---

[26] *Z. Schneider* (Fn. 1), S. 269.

[27] *M. Kessler/S. Suchan* (Fn. 25), S. 510.

[28] *J. Rodewald/M. Pohl*, GmbHR 2009, 33 (34).

[29] *S. Mock* (Fn. 15), § 272 Rn. 89.

[30] RegBegr BT-Drucks. 16/10067, S. 101: https://dserver.bundestag.de/btd/16/100/1610067.pdf (letzter Aufruf 13.10.2025).

[31] *D. Verse*, VGR 2010, 67 (86); *Z. Schneider* (Fn. 1), S. 273.

sich daher danach, ob unter dem „Stammkapital“ das ausgegebene Kapital oder das gezeichnete Kapital zu verstehen ist.

Unter bilanziellen Gesichtspunkten sei das Stammkapital als das ausgegebene Kapital zu verstehen, da andernfalls ein Widerspruch entstünde, als Gewinn bereits ausgewiesen würde, wenn das Aktivvermögen das „ausgegebene Kapital“ (und sonstige Passiva) übersteige, jedoch nur ausgeschüttet werden könnte, soweit es das lediglich in der Vorspalte ausgewiesene gezeichnete Kapital (und sonstige Passiva) übersteige.[32]

Demgegenüber spricht der eindeutige Wortlaut und das Telos der Norm, wonach die Kapitalerhaltung gesichert und das Vertrauen der Gläubiger darauf, dass das zur Deckung des Stammkapitals dienende Vermögen nicht an die Gesellschafter ausgezahlt wird, geschützt werden soll, für eine Anknüpfung an das gezeichnete Kapital.[33] Ließe man stattdessen eine Ausschüttung dieser Rücklagen in voller Höhe zu, so führte dies zu einer Umgehung der gläubigerschützenden Vorschriften für Kapitalherabsetzungen nach dem System der §§ 58 ff. GmbHG.[34] Der bilanzielle Ausweis freier Gewinnrücklagen, die nicht ausschüttungsfähig sind, ist hinzunehmen und im Anhang gem. § 264 Abs. 2 S. 2 HGB über die nicht unmittelbar aus der Bilanz ersichtliche Ausschüttungssperre und ihren Zusammenhang mit dem Erwerb eigener Anteile zu berichten.[35]

b. AG

Auch bezüglich der AG ist eine Intention des Gesetzgebers zur Schwächung des Kapitalschutzes nicht ersichtlich und insbesondere kein schwächerer Schutz gegenüber der GmbH.[36]

Auch für die AG gilt, dass der Gläubigerschutz der §§ 225, 230 AktG gegen Kapitalherabsetzungen nicht umgangen werden darf und es somit einer

32 *B. Kropff*, ZIP 2009, 1137 (1143).

33 *J. Rodewald/M. Pohl* (Fn. 28), 34.

34 *M. Kessler/S. Suchan* (Fn. 25), S. 519.

35 *D. Verse* (Fn. 31), 86.

36 Ebd., 86.

Ausschüttungssperre bedarf.[37] Eine solche Sperrung in Höhe des Nennbetrags der erworbenen eigenen Anteile ließe sich entweder durch Einstellen in eine gebundene Rücklage oder durch eine implizite Ausschüttungssperre erreichen.

Einer Einstellung in eine gebundene Rücklage gem. § 237 Abs. 5 AktG analog wird entgegengehalten, dass sie das Risiko der Nichtigkeit gem. § 256 Abs. 1 Nr. 4 AktG berge und daher einer impliziten Ausschüttungssperre unter dem Rechtsgedanken der §§ 285 Nr. 28, 268 Abs. 8 AktG der Vorrang zu geben sei.[38]

Die Anwendung einer solchen impliziten Ausschüttungssperre führt jedoch lediglich zu einem Ausweis im Anhang und mithin — im Gegensatz zum Einstellen in eine gebundene Rücklage — zu einer nicht unmittelbar aus der Bilanz ersichtlichen Sperrung.[39] Des Weiteren ist eine Rücklagendotierung auch zulasten eines Bilanzverlusts vorzunehmen, während eine implizite Ausschüttungssperre lediglich geeignet ist, einen Bilanzgewinn gegen eine Auskehrung zu schützen.[40] Außerdem dient die Einstellung in eine gebundene Rücklage allein dem Schutz der Gläubiger, welcher dem Partizipationsinteresse der Aktionäre vorgeht und daher keine Nichtigkeit gem. § 256 Abs. 1 Nr. 4 AktG begründen kann.[41]

Im Interesse der Gläubiger und Bilanzleser ist daher eine gebundene Rückstellung in Höhe des Nennbetrags der erworbenen eigenen Aktien gem. § 237 Abs. 5 AktG analog einzustellen.

c. *Erwerb unter pari*

Besonders widersprüchlich erscheint der Erwerb eigener Anteile durch eine GmbH bzw. eine AG unter pari, also zu einem Erwerbspreis, der unterhalb des Nennwerts bzw. des rechnerischen Werts der Anteile liegt. Dem Wortlaut folgend würden sich in einem solchen Fall die nicht gegen

---

[37] *Arbeitskreis Bilanzrecht der Hochschullehrer Rechtswissenschaft*, BB 2008, 209 (215); *M. Kessler/S. Suchan* (Fn. 25), S. 514; a.A. *B. Kropff* (Fn. 32), 1141, der dies als überzogenen Kapitalschutz wertet.

[38] *G. Reiner*, in: Drescher/Fleischer/Schmidt, HGB, 4. Aufl. 2020, § 272 Rn. 33 f.

[39] Ebd., § 272 Rn. 33.

[40] *Z. Schneider* (Fn. 1), S. 272.

[41] *B. Kropff* (Fn. 32), 1142; *M. Kessler/S. Suchan* (Fn. 25), S. 524.

Ausschüttungen gesperrten freien Rücklagen um den Differenzbetrag vermehren, was zur Folge hätte, dass das Ausschüttungsvolumen größer ausfiele, je niedriger der Marktwert der zurückerworbenen Anteile wäre.[42]

Im Fall des Erwerbs eigener Anteile unter pari durch eine GmbH fällt dieser Mehrbetrag ebenfalls unter das Ausschüttungsverbot des § 30 GmbHG.[43]

Zur Korrektur bei Erwerb durch eine AG wird vorgeschlagen, den Unterschiedsbetrag in eine gebundene Rücklage und nicht in die frei verfügbaren Rücklagen einzustellen.[44] Sowohl dogmatisch als auch im Ergebnis zutreffender ist es jedoch, den Nennbetrag gem. § 237 Abs. 5 AktG analog in eine gebundene Rücklage einzustellen und im Gegenzug dem Wortlaut folgend die freien Rücklagen gem. § 272 Abs. 1a S. 2 HGB um den Unterschiedsbetrags zu erhöhen, wodurch der gesperrte Nennbetrag der eigenen Anteile auf den Kaufpreis reduziert wird.[45]

V. Steuerbilanzrechtliche Bewertung

Das Steuerrecht enthält keine eigenständigen gesetzlichen Normen betreffend den Erwerb eigener Anteile, weshalb die Schreiben der Finanzverwaltung maßgeblichen Einfluss auf dessen steuerrechtliche Behandlung haben. Insbesondere ist im Rahmen der steuerrechtlichen Bewertung neben dem Erwerb auf Ebene der Gesellschaft auch die Veräußerung auf Seite des Gesellschafters zu betrachten.

1. BMF-Schreiben vom 2.12.1998

Gemäß dem BMF-Schreiben vom 2.12.1998 wurde der Erwerb eigener Anteile, die nicht zum Zwecke der Einziehung erworben wurden, bei der Gesellschaft als Anschaffungsvorgang und beim Gesellschafter als Veräuße-

---

42 *M. Kühnberger*, BB 2011, 1387 (1388).

43 *D. Verse* (Fn. 31), 87.

44 *B. Kropff* (Fn. 32), 1142.

45 *Z. Schneider* (Fn. 1), S. 276; *M. Kessler/S. Suchan* (Fn. 25), S. 522.

rungsgeschäft behandelt. Grund dieser Bewertung war die handelsrechtliche Aktivierungspflicht dieser Anteile nach altem Recht, die über den Grundsatz der Maßgeblichkeit der Handelsbilanz gem. § 5 Abs. 1 EStG der steuerrechtlichen Gewinnermittlung zugrunde zu legen war.[46] Dies hatte zur Folge, dass eigene nicht zum Zwecke der Einziehung erworbene Anteile mit ihren Anschaffungskosten gem. § 6 Abs. 1 Nr. 2 EStG in der Steuerbilanz anzusetzen waren[47] und sich deren Erwerb grundsätzlich steuerneutral darstellte.[48]

Der Erwerb eigener Anteile, die zum Zwecke der Einziehung erworben wurden und mithin nach Handelsrecht nicht zu bilanzieren waren, wurde steuerlich bei der Gesellschaft dennoch als Anschaffungs- bzw. beim Gesellschafter als Veräußerungsvorgang behandelt.[49] Die eigenen Anteile wurden zwar aus Gründen der Maßgeblichkeit nicht in der Steuerbilanz ausgewiesen, die gesellschaftsrechtlich veranlasste Betriebsvermögensminderung aufgrund des Aktivierungsverbots wirkte sich jedoch nicht auf den steuerrechtlichen Gewinn aus.[50]

Mit dem Übergang vom Anrechnungs- auf das Teileinkünfteverfahren und von der grundsätzlichen handelsbilanziellen Behandlung des Erwerbs eigener Anteile als Anschaffungsvorgang hin zu einer Charakterisierung als Kapitalherabsetzung mehrten sich die Unsicherheiten bezüglich der Anwendbarkeit des BMF-Schreibens vom 2.12.1998.[51] Daher wurde es mit BMF-Schreiben vom 10.08.2010 unter Verweis auf die zwischenzeitlich erfolgten Gesetzesänderungen im Steuer- und Gesellschaftsrecht rückwirkend ab Geltung des Halbeinkünfteverfahrens aufgehoben.[52]

---

46 *R. Hüttemann* (Fn. 12), S. 602.

47 BMF-Schreiben v. 2.12.1998 – IV C 6 – S 2741 – 12/98, Tz. 16.

48 *J. Blumenberg/S. Roßner* (Fn. 7), 1080.

49 *R. Hüttemann* (Fn. 12), S. 603.

50 BMF-Schreiben v. 2.12.1998 – IV C 6 – S 2741 – 12/98, Tz. 22.

51 *J. Blumenberg/F. Lechner* (Fn. 17), 141.

52 BMF-Schreiben v. 10.8.2010 – IV C 2 – S 2742/07/10009.

2. BMF-Schreiben vom 27.11.2013

Nach dem BMF-Schreiben vom 27.11.2013 folgt die Finanzverwaltung der handelsrechtlichen Beurteilung des Erwerbs eigener Anteile als Kapitalherabsetzung auf Gesellschaftsebene.[53]

Im Falle des Erwerbs über pari ist in Höhe des Nennbetrags der eigenen Anteile der für Kapitalherabsetzungen geltende § 28 Abs 2 KStG analog anzuwenden, ein bestehender Sonderausweis jedoch nicht gem. § 28 Abs. 2 S. 1 KStG analog zu mindern. Dies führt im ersten Schritt zu einer Erhöhung des steuerlichen Einlagekontos gem. § 27 KStG um den Nennwert der erworbenen eigenen Anteile,[54] in einem zweiten Schritt zu einer Minderung dieses Einlagekontos in Höhe des Betrags des Nennwerts, der einen vorhandenen Sonderausweis übersteigt.[55] Zudem wird das steuerliche Einlagekonto nach den Grundsätzen des § 27 Abs. 1 S. 3 KStG um den Unterschiedsbetrag zwischen Nennwert und Kaufpreis gemindert, soweit dieser den maßgebenden ausschüttbaren Gewinn übersteigt.

Bei einem Erwerb unter pari ergeben sich keine Änderungen beim steuerlichen Einlagekonto und einem eventuellen Sonderausweis. Bezüglich der Differenz zwischen Kaufpreis und Nennbetrag ist von einer Kapitalherabsetzung ohne Auszahlung an den Gesellschafter auszugehen und § 28 Abs. 2 S. 1 KStG analog anzuwenden, wodurch sich der Sonderausweis um den Unterschiedsbetrag vermindert und sich das steuerliche Einlagekonto nur erhöht, soweit der Unterschiedsbetrag den Sonderausweis übersteigt.

Bei Zahlung eines unangemessen hohen Kaufpreises kann eine verdeckte Gewinnausschüttung gem. § 20 Abs. 1 Nr. 1 S. 2 EStG vorliegen, während bei einem unangemessen niedrigen Kaufpreis schenkungsrechtliche Vorschriften zu prüfen sein könnten.[56]

Werden die erworbenen eigenen Anteile eingezogen, ergeben sich steuerlich keine Auswirkungen, da die Kürzung des Nennkapitals und die Zu- bzw. Abgänge zum steuerlichen Einlagekonto bereits mit dem Erwerb der

---

53 Ebd., Tz. 8; krit. FG Münster Urt. v. 13.10.2016 – 9 K 1087/14 K G F.

54 BMF-Schreiben v. 4.6.2003 – IV A 2 – S 2836 – 2/03, Tz. 38.

55 Ebd., Tz. 40.

56 *J. Blumenberg/F. Lechner* (Fn. 17), 143.

eigenen Anteile vollzogen wurden.[57] Angemessene Anschaffungsnebenkosten sind als Betriebsausgaben abzugsfähig.

Diese Handhabung betreffend die Gesellschaft führt jedoch nicht zu entsprechenden Folgen auf Ebene des Gesellschafters, bei dem weiterhin ein Veräußerungsgeschäft anzunehmen und nach allgemeinen Grundsätzen zu behandeln ist. Da die durch den Erwerb eintretende Betriebsvermögensminderung gesellschaftlich veranlasst ist und sich mithin steuerrechtlich nicht auswirkt,[58] stellt sich der Erwerb eigener Anteile auf Ebene der Gesellschaft als Kapitalherabsetzung grundsätzlich erfolgs- und steuerneutral dar, während sich auf Seiten des Gesellschafters eine Steuerpflicht unter anderem aus §§ 13-18 und 20 EStG ergeben kann.[59] Daher hat die Gesellschaft — außer bei Vorliegen einer verdeckten Gewinnausschüttung — keine Kapitalertragssteuer auf die Kaufpreiszahlung einzubehalten, unabhängig davon, ob und wie viel ausschüttbarer Gewinn verwendet wurde.

a. Keine korrespondierende Behandlung

Der Erwerb eigener Anteile wird auf Gesellschaftsebene als Kapitalherabsetzung behandelt, während auf Seite des veräußernden Gesellschafters weiterhin ein Veräußerungsgeschäft angenommen wird. Stattdessen könnte jedoch — korrespondierend zur Behandlung als Kapitalherabsetzung auf Gesellschaftsebene — von einer Ausschüttung an den Gesellschafter auszugehen sein.

Durch den Erwerb mindert sich das Gesellschaftsvermögen und sämtliche Mitgliedschaftsrechte erlöschen, wodurch sich die Struktur der Gesellschaft verändert und der Kreis der Gesellschafter verkleinert.[60] Daher wird angeführt, es läge eine irreguläre Teilliquidation mit der Folge einer Ausschüttungsbelastung beim Gesellschafter gem. §§ 17 Abs. 4, 20 Abs. 1 Nr. 2 EStG vor.[61]

---

57 *S. Falk*, Die bilanzielle und ertragsteuerliche Behandlung eigener Anteile nach dem BilMoG, 2013, S. 203; *D. Schmidtmann*, Ubg 2013, 755 (760).

58 *D. Schmidtmann* (Fn. 8), 293.

59 *J. Blumenberg/F. Lechner* (Fn. 17), 145.

60 *J. Thiel*, DB 1998, 1583 (1585).

61 *Ders.*, FS Schmidt, 1993, S. 569 (587); *D. Schmidtmann* (Fn. 57), 760.

Im deutschen Steuerrecht existiert jedoch kein Grundsatz, nach dem die Qualifizierung auf Gesellschaftsebene die Einstufung auf Gesellschafterebene prägt.[62] Vielmehr stößt diese Behandlung bei Aktienrückkäufen über die Börse an ihre Grenzen, da es für den Aktionär in diesem Fall nicht erkennbar ist, ob er die Anteile an die Gesellschaft oder an einen Dritten veräußert.[63] Des Weiteren wurden die Vorschriften betreffend den Veräußerungsgewinn des Gesellschafters durch das BilMoG nicht geändert, weshalb es keiner Änderung der steuerlichen Behandlung des Gesellschafters bedarf.[64] Auch die lediglich handelsbilanzielle Umqualifikation des Erwerbs eigener Anteile als Kapitalherabsetzung führt mangels gesellschaftsrechtlicher Auswirkungen nicht zur Annahme einer Teilliquidation.[65]

b. Analoge Anwendung von § 28 Abs. 2 KStG

Das BMF wendet bezüglich des Nennbetrags der eigenen Anteile § 28 Abs. 2 KStG analog an, begründet dies jedoch nicht.[66]

Gegen die Anwendbarkeit einer Analogie wird angebracht, der Anwendungsbereich des § 28 Abs. 2 KStG werde in dessen Satz 1 klar und abschließend umrissen.[67] § 28 Abs. 2 KStG beziehe sich auf eine gesellschaftsrechtliche Herabsetzung des Nennkapitals, mit der der Erwerb eigener Anteile nicht bloß aufgrund des geänderten Bilanzausweises gleichgesetzt werden könne.[68] Er knüpfe an den Zeitpunkt der tatsächlichen Nennkapitalherabsetzung an, dem der Erwerb eigener Anteile typischerweise vorausgeht, was dem Gesetzgeber durchaus bekannt gewesen sei.[69]

Das BMF hingegen behandelt den Erwerb eigener Anteile in ihrem Schreiben vom 27.11.2013 grundlegend als wirtschaftliche Kapitalherabsetzung

---

62 *F. Lechner/M. Haisch*, Ubg 2010, 691 (696); *G. Förster/D. Schmidtmann*, BB 2009, 1342 (1344).

63 *S. Behrens/G. Renner*, AG 2010, 824 (825); *R. Hüttemann* (Fn. 12), S. 603.

64 *J. Blumenberg/S. Roßner* (Fn. 7), 1083.

65 *G. Breuninger/M. Müller* (Fn. 20), 14.

66 *J. Siebert/A. Ivzhenko-Siebert*, FR 2014, 354 (354).

67 *J. Schiffers* (Fn. 3), 82.

68 *S. Falk* (Fn. 57), S. 217.

69 Ebd., S. 217.

zum Zeitpunkt des Erwerbs, weshalb beispielsweise eine spätere Einziehung der eigenen Anteile keine steuerrechtlichen Auswirkungen hat. Aufgrund dieser Vorverlagerung und der Qualifikation als Kapitalherabsetzung im wirtschaftlichen Sinne scheint es zumindest konsequent und mithin vertretbar, die Rechtsfolgen des § 28 Abs. 2 KStG analog auf den Erwerb eigener Anteile zu übertragen, wobei eine gesetzgeberische Klarstellung dennoch wünschenswert bleibt.

c. *Keine Minderung des Sonderausweises*

Ein Sonderausweis ist abweichend von § 28 Abs. 2 S. 1 KStG nicht vorrangig zu mindern.

Wäre er gem. § 28 Abs. 2 S. 1 KStG zu mindern, würde die Kapitalrückzahlung in dieser Höhe gem. § 28 Abs. 2 S. 2 KStG als Gewinnausschüttung gelten und auf Gesellschafterebene mithin zu Bezügen im Sinne des § 20 Abs. 1 Nr. 2 EStG führen.[70] Da der Erwerb eigener Anteile auf Seiten des Gesellschafters jedoch als Veräußerung und nicht als Gewinnausschüttung zu behandeln ist, geht das BMF konsequent nur von einer wirtschaftlichen Kapitalherabsetzung auf Gesellschaftsebene aus und verneint eine Minderung des Sonderausweises.[71]

d. *Keine „Leistung“ gem. § 27 Abs. 1 S. 3 KStG*

Der den Nennwert der eigenen Anteile übersteigende Wert ist laut dem BMF als Leistung an den veräußernden Gesellschafter gem. § 27 Abs. 1 S. 3 KStG zu behandeln. Leistungen im Sinne des § 27 Abs. 1 S. 3 KStG sind Auskehrungen, die sich als einseitige Zuwendung durch die Gesellschaft ohne Gegenleistung des Gesellschafters darstellen.[72]

---

[70] *T. Wiese/P. Lukas*, GmbHR 2014, 238 (242).

[71] *D. Schmidtmann* (Fn. 57), 757.

[72] BMF-Schreiben v. 4.6.2003 – IV A 2 – S 2836 – 2/03, Tz. 11; *S. Mayer*, Ubg 2008, 779 (784).

Das Vorliegen einer Leistung ließe sich unter Berücksichtigung der Gesetzesbegründung des BilMoG[73] annehmen, nach der der Erwerb eigener Anteile als Auskehr freier Rücklagen anzusehen ist und die Zahlung des Erwerbspreises mithin entsprechend einer Kapitalherabsetzung als Leistung zu behandeln wäre.[74]

Leistungen mindern jedoch gem. § 27 Abs. 1 S. 3 KStG unabhängig von ihrer handelsrechtlichen Einordnung das steuerliche Einlagekonto, weshalb der Begriff rein steuerrechtlich auszulegen ist.[75]

Steuerrechtlich liegt aus Sicht des Gesellschafters ein Veräußerungsgeschäft vor, weshalb sich die Zahlung des Erwerbspreises gerade als Gegenleistung für die Übereignung der Anteile darstellt.[76]

Die Annahme des BMF, die Zahlung des Unterschiedsbetrags begründe eine Leistung im Sinne des § 27 Abs. 1 S. 3 KStG, ist mithin verfehlt.

e. *Keine konsistente Behandlung*

Unter der Prämisse, die Zahlung des Erwerbspreises würde in Höhe des Unterschiedsbetrags dennoch eine Leistung darstellen, ergäbe sich ein Zugriff auf das steuerliche Einlagekonto gemäß der Verwendungsreihenfolge des § 27 Abs. 1 S. 3 KStG, soweit der maßgebende ausschüttbare Gewinn überstiegen wird.

Bei Veräußerung der eigenen Anteile durch die Gesellschaft erhöht der den Nennbetrag übersteigende Betrag hingegen unmittelbar den Bestand des steuerlichen Einlagekontos. Dies führt dazu, dass die Konsequenzen des vorhergehenden Erwerbs durch die Weiterveräußerung nicht zwingend wieder ausgeglichen werden.[77] Ein konsistentes Ergebnis ließe sich nur durch einen Direktzugriff auf das steuerliche Einlagekonto erreichen.[78]

---

[73] RegBegr BT-Drucks. 16/10067, S. 65: https://dserver.bundestag.de/btd/16/100/1610067.pdf (letzter Aufruf 13.10.2025).

[74] *G. Förster/D. Schmidtmann* (Fn. 62), 1344.

[75] *X. Ditz/V. Tcherveniachki*, Ubg 2010, 875 (878).

[76] *S. Mayer* (Fn. 72), 784.

[77] *J. Schiffers* (Fn. 3), 82.

[78] Ebd., 82.

aa. Direktzugriff auf das steuerliche Einlagekonto

Mangels Vorliegens einer Leistung scheidet ein möglicher Direktzugriff nach § 27 Abs. 1 S. 3 KStG aus.

Daher könnte auf § 27 Abs. 1 S. 2 KStG als Grundregel zurückzugreifen sein, der einen Direktzugriff auf das steuerliche Einlagekonto zulassen könnte, da dieses um die Zu- und Abgänge fortzuschreiben ist.[79]

§ 27 Abs. 1 S. 2 KStG enthält jedoch lediglich die formale Verpflichtung der Fortschreibung und die Rechtsfolgen eines Abgangs, jedoch keine materiell-rechtlichen Vorgaben, unter welchen Voraussetzungen ein solcher Abgang möglich ist.[80]

bb. Analogie

Mithin ist von einer zu schließenden Regelungslücke auszugehen.

Soweit der Kaufpreis den Nennwert übersteigt, muss konsequenterweise eine unmittelbare Verringerung des steuerlichen Einlagekontos erfolgen.[81] Denn nur diese Handhabung führt zu dem erforderlichen Gleichklang mit der möglichen Wiederveräußerung und setzt die durch das BilMoG intendierte steuerrechtliche Neutralität um.[82] Die Planwidrigkeit der Regelungslücke ergibt sich daraus, dass die Änderung der Bilanzierung durch das BilMoG bei der Normierung der §§ 27 und 28 KStG nicht antizipiert werden konnte.[83]

Daher ist ein Direktzugriff auf das steuerliche Einlagekonto gem. § 27 Abs. 1 KStG analog zuzulassen.

---

[79] *S. Mayer* (Fn. 72), 784.

[80] *S. Falk* (Fn. 57), S. 223.

[81] *F. Lechner/M. Haisch* (Fn. 62), 695.

[82] Vgl. RegBegr BT-Drucks. 16/10067, S. 41: https://dserver.bundestag.de/btd/16/100/1610067.pdf (letzter Aufruf: 13.10.2025).

[83] *G. Breuninger/M. Müller* (Fn. 20), 14.

cc. Anregung einer Gesetzesänderung

Diese planwidrige Regelungslücke sollte durch Einschreiten des Gesetzgebers geschlossen werden, der zum Zwecke des Erreichens einer konsistenten Besteuerung des Erwerbs eigener Anteile verpflichtet ist, §§ 27 und 28 KStG in der Weise auf § 272 Abs. 1a HGB abzustimmen, dass eine direkte Zugriffsmöglichkeit auf das steuerliche Einlagekonto beim Erwerb eigener Anteile in Höhe des den Nennwert übersteigenden Kaufpreises normiert wird.[84]

f. Auswirkungen auf die übrigen Gesellschafter

Keine Aussagen enthält das BMF-Schreiben bezüglich möglicher steuerrechtlicher Konsequenzen bei den nicht vom Anteilserwerb betroffenen Gesellschaftern.

Zuzustimmen ist der Annahme, dass sich ihre Beteiligungsquote erhöht, was sich insbesondere im Rahmen des § 17 EStG auswirken kann, jedoch ebenso bei der Berechnung der 10 %-Grenze des § 8b Abs. 4 KStG zu beachten ist, da insoweit eigene Anteile nicht einbezogen werden dürfen.[85]

VI. Anwendbarkeit des § 8b Abs. 7 S. 2 KStG

Eine abweichende steuerrechtliche Beurteilung ergäbe sich betreffend Gesellschaften, deren Haupttätigkeit der Erwerb und das Halten von Beteiligungen ist, im Falle der Anwendbarkeit des § 8b Abs. 7 S. 2 KStG. Dieser bewirkt, dass die betroffenen Unternehmen zwar nicht von der Steuerfreiheit für Veräußerungsgewinne gem. § 8b Abs. 2 KStG profitieren, im Gegenzug jedoch entgegen § 8b Abs. 3 S. 3 KStG Gewinnminderungen und Betriebsausgaben in voller Höhe zu berücksichtigen sind.[86]

Gem. § 8b Abs. 7 S. 2 KStG a.F. und vor der bilanziellen Neubehandlung eigener Anteile durch das BilMoG waren § 8b Abs. 1-6 KStG gem. § 8b

[84] Ebenso *F. Lechner/M. Haisch* (Fn. 62), 695; *S. Behrens/G. Renner* (Fn. 63), 825; *D. Schmidtmann* (Fn. 8), 295.

[85] *J. Schiffers* (Fn. 3), 82.

[86] *D. Gosch*, in: Gosch, KStG, 4. Aufl. 2020, § 8b Rn. 560.

Abs. 7 S. 2 KStG für Finanzunternehmen im Sinne des KWG, die Anteile mit dem Ziel der kurzfristigen Erzielung eines Eigenhandelserfolgs erworben hatten, unanwendbar. Es handelte sich daher um eine Ausnahmevorschrift, von der auch Anteile gem. § 8b Abs. 2 KStG erfasst wurden. Dazu zählten unter anderem eigene Anteile, da der Gesetzgeber seit Inkrafttreten des UntStFG nicht mehr einen Anteil an einer „anderen" Körperschaft verlangte.[87]

Das Tatbestandsmerkmal der Absicht des Erzielens eines Eigenhandelserfolgs bejahte die Finanzverwaltung grundsätzlich bei Aktivierung der eigenen Anteile im Umlaufvermögen.[88]

Diese Pauschalisierung wurde für den Fall eigener Anteile kritisiert, da diese — sofern sie nicht zur Einziehung bestimmt waren — nach dem Handelsrecht vor dem BilMoG unabhängig ihrer Zweckbestimmung stets im Umlaufvermögen auszuweisen waren.[89] Daher wurde der Aktivierung eigener Anteile im Umlaufvermögen mangels tatsächlicher Zuordnungsmöglichkeit durch die Gesellschaft keine Aussagekraft bezüglich des Vorliegens der Erzielungsabsicht eines Eigenhandelserfolgs zugeschrieben.[90] Die Beurteilung musste vielmehr unter allgemeiner Berücksichtigung übriger Indizien erfolgen.[91]

Die durch das BilMoG geänderte Behandlung eigener Anteile in Form eines Aktivierungsverbots betraf mithin nicht die Möglichkeit des Vorliegens der Absicht, einen Eigenhandelserfolg zu erzielen,[92] da der Aktivierung der eigenen Anteile im Rahmen von § 8b Abs. 7 KStG auch nach altem Recht keine Bedeutung zukam.

Es könnte jedoch die Qualifizierung als Anteil nach § 8b Abs. 2 KStG entfallen sein.

Grundsätzlich handelt es sich bei dem Erwerb eigener Anteile nach geltendem Recht um eine Kapitalherabsetzung und bei der Veräußerung um eine

87 BGBl. I 2001, S. 3858 (3863).

88 BMF-Schreiben v. 28.7.2002 – IV A 2 – S 2750 a – 6/02, Abschn. C. II.

89 *S. Mayer* (Fn. 72), 780.

90 FG Rheinland-Pfalz Urt. v. 4.5.2022 – 1 K 1861/14, Rn. 14.

91 *S. Mayer* (Fn. 72), 780.

92 *F. Lechner/M. Haisch* (Fn. 62), 694.

Kapitalerhöhung, weshalb kein Veräußerungsvorgang gem. § 8b Abs. 2 KStG gegeben ist.[93]

Wenn eigene Anteile jedoch mit der Absicht erworben werden, einen kurzfristigen Eigenhandelserfolg zu erzielen, stellt sich dieser Erwerb aus wirtschaftlicher Sicht nicht als Kapitalherabsetzung dar. Vielmehr entspricht er qualitativ dem Handel mit Anteilen an fremden Kapitalgesellschaften.[94]

Anteile gem. § 8b Abs. 2 KStG umfassen daher auch nach den Änderungen durch das BilMoG eigene Anteile.

Die durch den Erwerb der eigenen Anteile entstehende Betriebsvermögensminderung ist nicht gesellschaftsrechtlich veranlasst, sondern entsteht aufgrund der Absicht, Gewinn zu erzielen. Daher wirkt sie sich steuerrechtlich aus und ist nicht gem. § 8b Abs. 3 S. 3 KStG irrelevant, da § 8b Abs. 7 S. 2 KStG dessen Anwendbarkeit ausschließt.

Im Veräußerungsfall bewirkt der Bilanzausweis nach dem BilMoG hingegen eine Betriebsvermögensmehrung in Höhe des gesamten Veräußerungspreises, die sich auf das zu versteuernde Einkommen der Gesellschaft auswirkt und aufgrund von § 8b Abs. 7 S. 2 KStG nicht gem. § 8b Abs. 2 bzw. Abs. 3 KStG zu korrigieren ist.

Diese Behandlung führt zu erheblichen Verzerrungen innerhalb der einzelnen Veranlagungszeiträume.[95]

Seit der Neufassung des § 8b Abs. 7 S. 2 KStG durch das BEPS-UmsG vom 20.12.2016 ist dessen Anwendbarkeit auf Anteile beschränkt, die im Umlaufvermögen auszuweisen sind.[96]

Mithin ist § 8b Abs. 7 S. 2 KStG auf eigene Anteile nicht länger anzuwenden. Sie bleiben jedoch Anteile gem. § 8b Abs. 2 KStG, wenn sie mit der Absicht der kurzfristigen Gewinnerzielung erworben werden und unterfallen daher sowohl der 5 %-Besteuerung gem. § 8b Abs. 2, Abs. 3 S. 1 KStG als auch dem absoluten Abzugsverbot für Gewinnminderungen gem. § 8b Abs. 3 S. 3 KStG.[97]

---

93 *A. Herlinghaus*, in: Rödder/Herlinghaus/Neumann, KStG, 2. Aufl. 2023, § 8b Rn. 200.

94 *Z. Schneider* (Fn. 1), S. 213.

95 Ebd., S. 213.

96 BGBl. I 2016, 3000 (3013).

97 *D. Birk*/*M. Desens*/*H. Tappe*, Steuerrecht, 24. Aufl. 2021, § 6 Rn. 1263.

Das Telos des § 8b Abs. 7 KStG besteht jedoch gerade in der Verhinderung ebenjener Abzugsbeschränkungen für Gesellschaften im Sinne des § 8b Abs. 7 S. 2 KStG.[98]

Nach aktuellem Recht ließe sich daher eine analoge Anwendung des § 8b Abs. 7 S. 2 KStG für eigene Anteile in Erwägung ziehen.

Der Gesetzgeber verfolgte bei der Neufassung des § 8b Abs. 7 S. 2 KStG unter anderem das Ziel, Anteile aus verschiedensten Erwerbsvorgängen zu erfassen.[99]

Mangels Aktivierungsfähigkeit eigener Anteile wird der Erwerb dieser jedoch nicht erfasst, was eine planwidrige Regelungslücke darstellt.

Ebenjene fehlende Aktivierungsfähigkeit eigener Anteile führt jedoch bei analoger Anwendung des § 8b Abs. 7 S. 2 KStG zu Verzerrungen der Steuerbelastung innerhalb der einzelnen Veranlagungszeiträume. Diese lassen sich allenfalls durch Berücksichtigung von fiktiven fortgeschriebenen Anschaffungskosten im Wege einer außerbilanziellen Schattenrechnung ausgleichen, um im Ergebnis zu einer sachlich zutreffenden Besteuerungsfolge zu kommen.[100]

Daher bedarf es des Tätigwerdens des Gesetzgebers. Eigene Anteile, die von Gesellschaften mit der Absicht erworben werden, mit ihrem Handel einen kurzfristigen Gewinn zu erzielen, sind ausnahmsweise im Umlaufvermögen zu aktivieren. Ihr Erwerb stellt aus wirtschaftlicher Sicht keine Kapitalherabsetzung dar, sondern dient als Erwerbsvorgang der Erzielung eines Gewinns durch die Weiterveräußerung. Die Doppelnatur der eigenen Anteile entfällt und sie stellen Vermögensgegenstände dar.

Mithin stellt die Weiterveräußerung einen Veräußerungsvorgang dar, der konsequenterweise zu einer Besteuerung gem. § 8b Abs. 2 und Abs. 3 KStG führen muss und im Falle von Gesellschaften gem. § 8b Abs. 7 S. 2 KStG voll steuerpflichtig ist.

---

98 *J. Rengers*, in: Brandis/Heuermann, Ertragsteuerrecht, KStG, 165. EL 12.2022, § 8b Rn. 43.

99 Vgl. RegBegr BR-Drucks. 406/16, S. 59.

100 *J. Siebert/A. Ivzhenko-Siebert*, FR 2012, 285 (288).

VII. Resümee

Die handelsbilanzrechtliche Neuqualifikation des Erwerbs eigener Anteile als Kapitalherabsetzung nach dem BilMoG entspricht grundsätzlich der wirtschaftlichen Betrachtungsweise, führt jedoch aufgrund des Wegfalls der Aktivierungsfähigkeit der Anteile zu einer ungewollten Herabsetzung des Kapitalschutzes. Bei der GmbH wirkt sich diese aufgrund der Ausschüttungssperre des § 30 Abs. 1 S. 1 GmbHG nicht aus. Bei der AG hingegen bedarf es zum Zwecke der Interessenwahrung der Gläubiger einer Einstellung des Nennbetrags der eigenen Anteile in eine gebundene Rücklage. Dies führt sowohl beim Erwerb unter als auch über pari zu sachdienlichen Ergebnissen.

Folgerichtig wird der Erwerb eigener Anteile auf Ebene der Gesellschaft durch die Finanzverwaltung als Kapitalherabsetzung behandelt, während auf Gesellschafterebene — insbesondere unter praktischen Gesichtspunkten zutreffend — von einem Veräußerungsgeschäft ausgegangen wird.

Konsequent wird § 28 Abs. 2 KStG analog angewandt und ein Sonderausweis gem. § 28 Abs. 2 S. 1 KStG mangels Vorliegens einer Gewinnausschüttung beim Gesellschafter nicht gemindert. Wünschenswert wäre hier eine gesetzgeberische Klarstellung bezüglich der Anwendbarkeit des § 28 Abs. 2 KStG.

Die Zahlung des den Nennwert übersteigenden Betrags stellt keine Leistung gem. § 27 Abs. 1 S. 3 KStG dar. Vielmehr ist zum Zwecke des Erreichens einer konsistenten Besteuerung ein Direktzugriff auf das steuerliche Einlagekonto erforderlich. Dieser Direktzugriff ist nach geltendem Recht im Wege einer Analogie zu § 27 Abs. 1 KStG zu ermöglichen, wobei eine gesetzliche Normierung zu fordern ist.

Des Weiteren sollte der Gesetzgeber für eigene Anteile, die lediglich zum Zwecke der Erzielung eines kurzfristigen Veräußerungsgewinns erworben werden, ausnahmsweise die Aktivierung im Umlaufvermögen anordnen. Diese Behandlung trägt dem Wesen dieser Anteile als Vermögensgegenstände Rechnung und sorgt — unter anderem durch die Anwendbarkeit des § 8b Abs. 7 S. 2 KStG für Gesellschaften, deren Haupttätigkeit der Erwerb und das Halten von Beteiligungen ist — für eine stringente Besteuerung.

Bis zum Tätigwerden des Gesetzgebers ist diese Regelungslücke durch analoge Anwendung des § 8b Abs. 7 S. 2 KStG zu schließen und Verzerrungen der Steuerbelastung innerhalb der Veranlagungszeiträume durch Berücksichtigung der fiktiven fortgeschriebenen Anschaffungskosten auszugleichen.

Dokumentation

Personalia

Lehrstuhl für Öffentliches Recht unter besonderer Berücksichtigung des Finanz- und Steuerrechts

Hanno Kube, Prof. Dr., LL.M. (Cornell), Direktor des Instituts für Finanz- und Steuerrecht der Ruprecht-Karls-Universität Heidelberg und Inhaber des Lehrstuhls für Öffentliches Recht unter besonderer Berücksichtigung des Finanz- und Steuerrechts.

Noah Rauth, Ref. iur., Doktorand und Akademischer Mitarbeiter am Lehrstuhl für Öffentliches Recht unter besonderer Berücksichtigung des Finanz- und Steuerrechts.

Katharina Seiler, Ref. iur., Geprüfte Wissenschaftliche Hilfskraft am Lehrstuhl für Öffentliches Recht unter besonderer Berücksichtigung des Finanz- und Steuerrechts.

Luca Steinbeck, Ref. iur., Doktorand und Akademischer Mitarbeiter am Lehrstuhl für Öffentliches Recht unter besonderer Berücksichtigung des Finanz- und Steuerrechts.

Johanna Wiegand, Ref. iur., Doktorandin und Akademische Mitarbeiterin am Lehrstuhl für Öffentliches Recht unter besonderer Berücksichtigung des Finanz- und Steuerrechts.

Noah Zimmermann, Ref. iur., Doktorand und Akademischer Mitarbeiter am Lehrstuhl für Öffentliches Recht unter besonderer Berücksichtigung des Finanz- und Steuerrechts.

Hannah Adelt, Stud. iur., Studentische Hilfskraft am Lehrstuhl für Öffentliches Recht unter besonderer Berücksichtigung des Finanz- und Steuerrechts.

Magnus Biewer, Stud. iur., Studentische Hilfskraft am Lehrstuhl für Öffentliches Recht unter besonderer Berücksichtigung des Finanz- und Steuerrechts.

Luka Bozhenko, Stud. iur., Studentische Hilfskraft am Lehrstuhl für Öffentliches Recht unter besonderer Berücksichtigung des Finanz- und Steuerrechts.

Ann-Christin Herdt, Stud. iur., Studentische Hilfskraft am Lehrstuhl für Öffentliches Recht unter besonderer Berücksichtigung des Finanz- und Steuerrechts.

Alina Just, Stud. iur., Studentische Hilfskraft am Lehrstuhl für Öffentliches Recht unter besonderer Berücksichtigung des Finanz- und Steuerrechts.

Jan-Gregor Lehr, Stud. iur., Studentische Hilfskraft am Lehrstuhl für Öffentliches Recht unter besonderer Berücksichtigung des Finanz- und Steuerrechts.

Jonathan Morath, Stud. iur., Studentische Hilfskraft am Lehrstuhl für Öffentliches Recht unter besonderer Berücksichtigung des Finanz- und Steuerrechts.

Rafaela Pinto da Cunha, Stud. iur., Studentische Hilfskraft am Lehrstuhl für Öffentliches Recht unter besonderer Berücksichtigung des Finanz- und Steuerrechts.

Philip Quintes, Stud. iur., Studentische Hilfskraft am Lehrstuhl für Öffentliches Recht unter besonderer Berücksichtigung des Finanz- und Steuerrechts.

Karl-Friedrich Stephan, Stud. iur., Studentische Hilfskraft am Lehrstuhl für Öffentliches Recht unter besonderer Berücksichtigung des Finanz- und Steuerrechts.

Lehrstuhl für Öffentliches Recht, Europäisches und Internationales Steuerrecht

Ekkehart Reimer, Prof. Dr., Direktor des Instituts für Finanz- und Steuerrecht der Ruprecht-Karls-Universität Heidelberg und Inhaber des Lehrstuhls für Öffentliches Recht, Europäisches und Internationales Steuerrecht.

Tim Buchholz, Ref. iur., Doktorand und Akademischer Mitarbeiter am Lehrstuhl für Öffentliches Recht, Europäisches und Internationales Steuerrecht.

Milena Dietz, Ref. iur., Doktorandin und Geprüfte Wissenschaftliche Hilfskraft am Lehrstuhl für Öffentliches Recht, Europäisches und Internationales Steuerrecht.

Robert Pracht, Dr. iur., Habilitand und Akademischer Rat auf Zeit am Lehrstuhl für Öffentliches Recht, Europäisches und Internationales Steuerrecht.

Katharina Steuer, Ref. iur., Doktorandin und Akademische Mitarbeiterin am Lehrstuhl für Öffentliches Recht, Europäisches und Internationales Steuerrecht.

Joana Brachetti, Stud. iur., Studentische Hilfskraft am Lehrstuhl für Öffentliches Recht, Europäisches und Internationales Steuerrecht.

Luca Cecere, Stud. iur., Studentische Hilfskraft am Lehrstuhl für Öffentliches Recht, Europäisches und Internationales Steuerrecht.

Haris Durakovic, Stud. iur., Studentische Hilfskraft am Lehrstuhl für Öffentliches Recht, Europäisches und Internationales Steuerrecht.

Aurelia Gieß, Stud. iur., Studentische Hilfskraft am Lehrstuhl für Öffentliches Recht, Europäisches und Internationales Steuerrecht.

Thorsten Grasmück, Stud. iur., Studentische Hilfskraft am Lehrstuhl für Öffentliches Recht, Europäisches und Internationales Steuerrecht.

Intan Gürke, Stud. iur., Studentische Hilfskraft am Lehrstuhl für Öffentliches Recht, Europäisches und Internationales Steuerrecht.

Pauline Kraus, Stud. iur., Studentische Hilfskraft am Lehrstuhl für Öffentliches Recht, Europäisches und Internationales Steuerrecht.

Eva Kuske, Stud. iur., Studentische Hilfskraft am Lehrstuhl für Öffentliches Recht, Europäisches und Internationales Steuerrecht.

Charlotte Nagel, Stud. iur., Studentische Hilfskraft am Lehrstuhl für Öffentliches Recht, Europäisches und Internationales Steuerrecht.

Nicolas Pérez Barley, Stud. iur., Studentische Hilfskraft am Lehrstuhl für Öffentliches Recht, Europäisches und Internationales Steuerrecht.

Sophia Rapp, Stud. iur., Studentische Hilfskraft am Lehrstuhl für Öffentliches Recht, Europäisches und Internationales Steuerrecht.

Anna Ruhl, Stud. iur., Studentische Hilfskraft am Lehrstuhl für Öffentliches Recht, Europäisches und Internationales Steuerrecht.

Johannes Rüth, Stud. iur., Studentische Hilfskraft am Lehrstuhl für Öffentliches Recht, Europäisches und Internationales Steuerrecht.

Anna Weidle, Stud. iur., Studentische Hilfskraft am Lehrstuhl für Öffentliches Recht, Europäisches und Internationales Steuerrecht.

Leiterin der Geschäftsstelle

Susanne Röth, Leiterin der Geschäftsstelle des Instituts für Finanz- und Steuerrecht der Ruprecht-Karls-Universität Heidelberg.

Emeriti

Paul Kirchhof, Prof. Dr. Dres. h.c., Richter des Bundesverfassungsgerichts a.D., Seniorprofessor distinctus, ehemaliger Lehrstuhlinhaber und Direktor (1981 bis 2013) des Instituts für Finanz- und Steuerrecht der Ruprecht-Karls-Universität Heidelberg.

✝ ***Reinhard Mußgnug***, Prof. Dr., ehemaliger Lehrstuhlinhaber und Direktor (1978 bis 2005) des Instituts für Finanz- und Steuerrecht der Ruprecht-Karls-Universität Heidelberg.

Honorarprofessoren und Lehrbeauftragte

Achim Dannecker, Prof. Dr., Lehrbeauftragter und Honorarprofessor am Institut für Finanz- und Steuerrecht der Ruprecht-Karls-Universität Heidelberg.

Sebastian Heinrichs, Dr., Lehrbeauftragter am Institut für Finanz- und Steuerrecht der Ruprecht-Karls-Universität Heidelberg.

Thorsten Helm, PD Dr., Lehrbeauftragter am Institut für Finanz- und Steuerrecht der Ruprecht-Karls-Universität Heidelberg und Vorstandsvorsitzender der Gesellschaft der Freunde Universität Heidelberg e.V.

Carl-Heinz Heuer, Prof. Dr., Lehrbeauftragter und Honorarprofessor am Institut für Finanz- und Steuerrecht der Ruprecht-Karls-Universität Heidelberg.

Bernd Heuermann, Prof. Dr., Vorsitzender Richter am Bundesfinanzhof, Lehrbeauftragter und Honorarprofessor am Institut für Finanz- und Steuerrecht der Ruprecht-Karls-Universität Heidelberg.

Ruben Martini, Dr., Dipl.-Kfm., LL.B., Richter am Bundesfinanzhof und Lehrbeauftragter am Institut für Finanz- und Steuerrecht der Ruprecht-Karls-Universität Heidelberg.

Georg Neureither, Dr., Lehrbeauftragter für Staatskirchenrecht und Kirchenrecht am Institut für Finanz- und Steuerrecht der Ruprecht-Karls-Universität Heidelberg.

Publikationen 2025

Prof. Dr. Hanno Kube, LL.M. (Cornell)

Herausgeberschaften

- Geprägte Freiheit 2024/25, Heidelberger Beiträge zum Finanz- und Steuerrecht (HFSt), Bd. 23, Lehmanns Media, Berlin, 2024 (zusammen mit Ekkehart Reimer).

- Handbuch des Staatsrechts, Band III: Demokratie, 1071 S., C. F. Müller Verlag, Heidelberg, 2025 (zusammen mit Uwe Kischel).

- Einkommensteuergesetz Großkommentar, Loseblattwerk, C. F. Müller Verlag, Heidelberg, 2025 (zusammen mit Paul Kirchhof und Rudolf Mellinghoff)

Beiträge in Sammelwerken

- Die bundesstaatliche Regelungskompetenz für das Kindergeld, in: Markus Heintzen u.a. (Hrsg.), Steuerkritik, Gedächtnisschrift für Andreas Musil, Dr. Otto Schmidt Verlag, Köln, 2024, S. 63–81.

- Wissenschaftsfreiheit unter Druck, in: Hanno Kube/Ekkehart Reimer (Hrsg.), Geprägte Freiheit 2024/25, Heidelberger Beiträge zum Finanz- und Steuerrecht (HFSt), Bd. 23, Lehmanns Media, Berlin, 2025, S. 117–123.

- Wirklichkeitsgerechte Steuern, in: Carsten Bäcker/Martin Borowski/Jan-Reinard Sieckmann (Hrsg.), Grundlagen der demokratischen Verfassung, Festschrift für Robert Alexy zum 80. Geburtstag, Mohr Siebeck Verlag, Tübingen, 2025, S. 277–288.

Kommentierungen

- Art. 104a-108, 143c, 143f, 143g, 143h GG in: Volker Epping/Christian Hillgruber (Hrsg.), BeckOK Grundgesetz, C. H. Beck Verlag, München, 62. Edition, Stand: 15.06.2025.

- §§ 13, 13a, 13b, 14, 14a, 23, 34b, in: Paul Kirchhof/Roman Seer (Hrsg.), EStG, Kommentar, C. F. Müller Verlag, Heidelberg, 24. Aufl., 2025.

Buchrezensionen und -anzeigen

- Alexander Feldhaus, Die Finanzverwaltung und ihre Algorithmen. Rechtliche Grenzen regelbasierter und lernender Risikomanagementsysteme im Steuerverfahren, 2024, in: Niedersächsische Verwaltungsblätter (NdsVBl.) 2025, S. 94–95.

Weitere Veröffentlichungen

- Orte des gelingenden Diskurses? Universitäten haben neutral zu sein und sind der Wissenschaft verpflichtet, in: Frankfurter Allgemeine Zeitung (FAZ) vom 16.1.2025, S. 6.

- Stabilität durch Recht, in: Frankfurter Allgemeine Zeitung (FAZ) vom 24.1.2025, S. 18.

Prof. Dr. Ekkehart Reimer

Herausgeberschaft

- Geprägte Freiheit 2024/25, Heidelberger Beiträge zum Finanz- und Steuerrecht (HFSt), Bd. 23, Lehmanns Media, Berlin, 2024 (zusammen mit Hanno Kube).

Beiträge in Sammelwerken

- Statusfeststellungsverfahren, in: Hanno Kube/Ekkehart Reimer (Hrsg.), Geprägte Freiheit 2024/25, Heidelberger Beiträge zum Finanz- und Steuerrecht (HFSt) Bd. 23, Lehmanns Media, Berlin, 2025, S. 93–105.

- Überblick, in: Schaumburg Harald/Englisch Joachim/Dobratz Lars (Hrsg.), Europäisches Steuerrecht, Otto Schmidt, Köln, 3. Auflage 2025, S. 198–215.

- Anwendungsbereich der einzelnen Grundfreiheiten, in: Schaumburg Harald/Englisch Joachim/Dobratz Lars (Hrsg.), Europäisches Steuerrecht, Otto Schmidt, Köln, 3. Auflage 2025, S. 216–231.

- Steuerliche Diskriminierung und Beschränkung, in: Schaumburg Harald/Englisch Joachim/Dobratz Lars (Hrsg.), Europäisches Steuerrecht, Otto Schmidt, Köln, 3. Auflage 2025, S. 231–250.

Kommentierungen

- Art. 109 – 113, 115, 143d GG in: Volker Epping/Christian Hillgruber (Hrsg.), BeckOK Grundgesetz, C. H. Beck, München, 62. Edition, Stand: 15.03.2025.

- § 40 VwGO in: Herbert Posser/Heinrich Wolff/Andreas Decker (Hrsg.), BeckOK VwGO, C. H. Beck, München, 74. Edition, Stand: 01.04.2025.

- Art. 83–86 Landesverfassung Nordrhein-Westfalen, in: Markus Ogorek/Barbara Dauner-Lieb (Hrsg.), BeckOK Verfassung für das Land Nordrhein-Westfalen, C.H. Beck, München, 8. Edition, Stand: 01.04.2025.

- § 49 EStG, in: Peter Brandis/Bernd Heuermann (Hrsg.), Ertragsteuerrecht, C. H. Beck, München, 178. EL, Stand: August 2025.

- § 50 EStG, in: Peter Brandis/Bernd Heuermann (Hrsg.), Ertragsteuerrecht, C. H. Beck, München, 178. EL, Stand: August 2025.

Weitere Veröffentlichung

- „Den Pflichtstoff neu denken? Ein Gedankenexperiment“, in: Studentische Zeitschrift für Rechtswissenschaft (StudZR Ausbildung) 2025, S. V–VII.

Tim Buchholz

- Ideen zur leistungsfähigkeitsgerechten Ausgestaltung des Steuersystems, in: Hanno Kube/Ekkehart Reimer (Hrsg.), Geprägte Freiheit 2024/25, Heidelberger Beiträge zum Finanz- und Steuerrecht, Bd. 23, Berlin 2025, S. 37–45.

- „Der missglückte Hauskauf" – Referendarexamensklausur im Zivilrecht, in: Juristische Arbeitsblätter (JA) 2025, S. 285–294.

Milena Dietz

- Unionsrechtliche Weichenstellung für eine Mindestbesteuerung von Milliardären, in: Hanno Kube/Ekkehart Reimer (Hrsg.), Geprägte Freiheit 2024/25, Heidelberger Beiträge zum Finanz- und Steuerrecht, Bd. 23, Berlin 2025, S. 81–91.

- Die Bandbreite des Begriffs der „wirtschaftskraftbezogenen Steuerquelle", in: Steuer und Wirtschaft (StuW) 2025, S. 215–222.

Fiona Karl

- Redefreiheit von Abgeordneten im Lichte des Europarechts, in: Hanno Kube/Ekkehart Reimer (Hrsg.), Geprägte Freiheit 2024/25, Heidelberger Beiträge zum Finanz- und Steuerrecht, Bd. 23, Berlin 2025, S. 107–116.

Dr. Robert Pracht

- Die verfassungsrechtlich problematische erstinstanzliche Zuständigkeit des Bundesverwaltungsgerichts, in: Die Verwaltung 57 (2024), S. 133–153.

- Ausgangsbeschränkungen auf verfassungsgerichtlichem Prüfstand, (Original-)Referendarexamensklausur Öffentliches Recht, in: Verwaltungsblätter für Baden-Württemberg (VBlBW) 2024, S. 481–482 (Sachverhalt) und S. 518–527 (Lösung).

- Gutachten zu den verfassungsrechtlichen Fragen von differenzierenden Hebesätzen bei der Grundsteuer vom 28.06.2024, Landtag von Nordrhein-Westfalen (Information 18/144).

- Gutachten zur Zulässigkeit von Selbstbewirtschaftungsmitteln vom 04.09.2024, Landtag von Nordrhein-Westfalen (Information 18/138).

- Das Ehegattensplitting, in: Hanno Kube/Ekkehart Reimer (Hrsg.), Geprägte Freiheit

2024/25, Heidelberger Beiträge zum Finanz- und Steuerrecht, Bd. 23, Berlin 2025, S. 53–59.

- Lernen aus Brüssel? – Effektive Reaktionen des Grundgesetzes auf eine Rechtsstaatlichkeitskrise in einem Bundesland, in: Brade, Alexander u.a., Zukunftsverfassungsrecht – 64. Junge Tagung Öffentliches Recht, Baden-Baden 2025, S. 261–280.

- Die einseitige Erledigungserklärung im Verwaltungsprozess, in: JuristenZeitung (JZ) 2025, S. 340–347.

- Schriftliche Stellungnahme zu dem Gesetzentwurf der Landesregierung zur Änderung des Gesetzes zur Förderung der gesellschaftlichen Teilhabe und Integration in Nordrhein-Westfalen und zur Sechsten Änderung der Landeshaushaltsordnung (Drs. 18/11434) vom 06.01.2025 (Stellungnahme 18/2237).

- Schriftliche Stellungnahme zu dem Gesetzesentwurf zur Änderung der Verfassung für das Land Nordrhein-Westfalen (Drs. 18/12769) vom 17.06.2025 (Stellungnahme 18/2638).

- Rezension zu Klaus Weber, Handbuch des sächsischen Verwaltungsvollstreckungsrechts, in: Sächsische Verwaltungsblätter (SächsVBl.) 2025, S. 63.

- Examensübungsklausur: Ein Bebauungsplan mit Komplikationen, in: Zeitschrift für das Juristische Studium (ZJS) 2025, S. 715–735 (zusammen mit Sophia Rapp).

- Debts and Deficit, in: Rainer Grote/Frauke Lachenmann/Rüdiger Wolfrum, Max Planck Encyclopedia of Comparative Constitutional Law (MPECCoL).

Luca Steinbeck

- Die bundesstaatliche Kompetenzordnung in Krisenzeiten, in: Hanno Kube/Ekkehart Reimer (Hrsg.), Geprägte Freiheit 2024/2025, Heidelberger Beiträge zum Finanz- und Steuerrecht (HFSt), Bd. 23, Berlin 2025, S. 25–35.

- Wer trägt die Kosten für ein sicheres Stadionerlebnis? Zur Polizeikostenentscheidung des BVerfG und ihren Folgen für den deutschen Profifußball, in: Zeitschrift für Sport und Recht (SpuRt) 2025, S. 229–235 (zusammen mit Tim Obermann).

Katharina Steuer

- Künstliche Intelligenz in wissenschaftlichen Arbeiten, in: Hanno Kube/Ekkehart Reimer (Hrsg.), Geprägte Freiheit 2024/25, HFSt Bd. 23, Lehmanns Media, Berlin, 2025, S. 125–134.

Moritz Teichmann

- Normklarheit oder Meistbegünstigung? – Zum gewerblichen Anteil nach § 35 EStG, in: Hanno Kube/Ekkehart Reimer (Hrsg.), Geprägte Freiheit 2024/25, HFSt Bd. 23, Lehmanns Media, Berlin 2025, S. 61–67.

Johanna Wiegand

- Heidelberger Verpackungssteuer, in: Hanno Kube/Ekkehart Reimer (Hrsg.), Geprägte Freiheit 2024/25, HFSt Bd. 23, Lehmanns Media, Berlin, 2025, S. 69–79.

- Analyse und Bewertung des Systems der Umsatzsteuersätze unter Berücksichtigung von Wettbewerbs- und Abgrenzungsaspekten, Studie im Auftrag des Bundesministeriums der Finanzen, 2025 (zusammen mit F. Heinemann et. al.)

Noah Zimmermann

- „Sonderdogmatik“ – Begriff und Zulässigkeit, in: Hanno Kube/Ekkehart Reimer (Hrsg.), Geprägte Freiheit 2024/25, HFSt Bd. 23, Lehmanns Media, Berlin, 2025, S. 47–52.

- Anmerkung zu FG Köln v. 20.12.2024 – 2 V 1597/24, in: Internationale SteuerRundschau (ISR) 2025, 134–136 (EU-Energiekrisenbeitrag).

- Unionsrechtswidrige Anlegerbesteuerung bei Fondsverschmelzung, Deutsches Steuerrecht (DStR) 2025, S. 1128–1133.

- §§ 2 Abs. 7 S. 3, 9 Abs. 4a S. 5, 10 Abs. 2, 10a Abs. 6, 22 Nr. 4 EStG, in: Oppel/Martini/Oertel, Internationales Steuerrecht. Kommentar, 2025.

Chronik des Jahres 2025

Januar 2025

7. Januar: Nach den Weihnachtsferien beginnen am Institut die Vorbereitungen für den Umzug in die neuen Interimsräumlichkeiten in der Akademiestraße 4–8. Während einer gut 6-jährigen Bauphase soll das Juristische Seminar in der Friedrich-Ebert-Anlage 6–10 umfassend erneuert und ertüchtigt werden. Dank einer äußerst effektiven Vorbereitung des Umzugs durch die Leiterin der Geschäftsstelle des Instituts, Frau Susanne Röth, verstreichen diese Wochen größtenteils stressfrei.

10. Januar: Im Düsseldorfer Landtag findet eine öffentliche Anhörung zu einem Gesetzentwurf statt, durch den die Verwendung von sog. Selbstbewirtschaftungsmitteln im Haushaltsrecht eingeschränkt werden soll. Als Sachverständiger nimmt an der Anhörung Dr. Robert Pracht teil, der zuvor in einem Rechtsgutachten die sehr weitgehende Nutzung von Selbstbewirtschaftungsmitteln kritisiert hatte.

14. Januar: Der Verfassungsgerichtshof für das Land Nordrhein-Westfalen urteilt, dass die grundgesetzliche Schuldenbremse nicht durch das Landesverfassungsgericht überprüft werden kann. Damit teilt der Verfassungsgerichtshof die Rechtsansicht des Landtags, der in diesem Verfahren von Prof. Dr. Ekkehart Reimer vertreten wurde.

Am selben Abend hält der langjährige Direktor des Instituts für Finanz- und Steuerrecht Prof. Dr. Reinhard Mußgnug vor der

Heidelberger Rechtshistorischen Gesellschaft einen rechtshistorischen Vortrag über die „Wiener Dispensehen".

17./18. Januar: In Form eines neu geschaffenen Kolloquiums stellen Prof. Dr. Ekkehart Reimer und Dr. Ruben Martini ausgewählte International Tax Law Cases vor und diskutieren sie mit Studierenden. Als Gast wirkt Dr. Dhruv Janssen-Sanghavi mit.

21. Januar: Der langjährige wissenschaftliche Mitarbeiter am Institut Christian Jung verteidigt erfolgreich seine Dissertation zum Multilateralen Instrument als multilaterales Recht.

23. Januar: Im Rahmen eines staatsrechtlichen Seminars unter der Leitung von Prof. Dr. Ekkehart Reimer trägt Dr. Juliane Hettche zur Arbeitsweise des Verfassungsgerichtshofs für das Land Baden-Württemberg vor, an dem sie als wissenschaftliche Mitarbeiterin tätig ist.

24. Januar: Francesco Castro aus Ferrara hält sich für einen mehrmonatigen Forschungsaufenthalt am Institut auf und vergleicht den Einsatz künstlicher Intelligenz in der deutschen und italienischen Steuerverwaltung.

Februar 2025

4. Februar: Prof. Dr. Hanno Kube referiert am Institut für Rechtspolitik der Universität Trier über die verfassungsrechtliche Schuldenbremse.

13. Februar: Der Lehrstuhl Kube und wenig später auch der Lehrstuhl Reimer beziehen die neuen Institutsräumlichkeiten in der Akademiestraße. Als großer Vorzug wird allseits die räumliche Nähe beider Lehrstühle hervorgehoben.

14. Februar: In Bozen findet die europäische Tagung „Permanent and Fixed Establishments in Income Taxes and in the European Value Added Tax" statt, auf der Prof. Dr. Ekkehart Reimer über die Anti-Fragmentation Rule des Art. 5 Abs. 4.1 OECD-MA referiert.

19.–21. Februar: Die diesjährige Steuerkonferenz der Wirtschaft (ehemals: Haarmann-Konferenz) findet in Berlin statt, an der auch Prof. Dr. Ekkehart Reimer mitwirkt.

25./26. Februar: In Heidelberg findet das jährliche Professorengespräch des Deutschen Landkreistages statt, an dem Prof. Dr. Hanno Kube und Prof. Dr. Ekkehart Reimer teilnehmen.

März 2025

10. März: Im Sitzungssaal des Heidelberger Rathauses widmet sich eine wissenschaftliche Tagung der Heidelberger Versammlung vom März 1848, dem letzten und entscheidenden Meilenstein auf dem Weg zum Frankfurter Vorparlament der Paulskirche.

13. März: Im Deutschen Bundestag findet eine öffentliche Anhörung zu den kurz vor Ende der Legislaturperiode beschlossenen grundgesetzlichen Änderungen betreffend die Schuldenbremse statt. Prof. Dr. Hanno Kube wirkt bei der Anhörung als Sachverständiger mit.

20. März: Moritz Teichmann und Fiona Karl – beide langjährige wissenschaftliche Mitarbeiter am Lehrstuhl von Prof. Dr. Hanno Kube – beenden ihre Tätigkeit am Institut, um mit dem Referendardienst zu beginnen.

27. März: In Frankfurt a.M. findet das 11. International Tax Forum der IFA Rhein-Main-Neckar statt. Prof. Dr. Ekkehart trägt zu aktuellen Entwicklungen im Internationalen Steuerrecht – insbesondere zu den Verrechnungspreisen und zur Umsetzung der FASTER-Richtlinie – vor.

28. März: In Belgrad war eine Tagung zum Thema „The Legacy of Prof. Kosta Cukic & Multilateralism through the Prism of a Century: from the 1922 Treaty of Rome till the Modern Times“ vorgesehen, an der Prof. Dr. Ekkehart Reimer, Milena Dietz und Haris Durakovic teilnehmen wollten. Aufgrund der politischen Entwicklungen wurde diese Tagung kurzfristig abgesagt, soll aber baldmöglichst – vermutlich im März 2026 – nachgeholt werden.

April 2025

30. März – 4. April: Beim International and European Tax Moot Court belegt das von Katharina Steuer begleitete Heidelberger Team erstmals den 1. Platz.

1. April: Auf einem Symposium der Universität Heidelberg, das von Prof. Dr. Hanno Kube moderiert wird, ist der Präsident des brasilianischen Obersten Bundesgerichts, Luis Roberto Barroso, zu Gast. Prof. Dr. Ekkehart Reimer referiert zur Meinungsfreiheit.

3. April: „Gelehrte Rechtsprechung im offenen Finanz- und Steuerstaat" ist das Thema des Festvortrags, den Prof. Dr. Ekkehart Reimer im Schloss Hohenheim anlässlich der Übergabe einer Festschrift an VRiBFH a.D. Prof. Dr. Roland Wacker hält.

8. April: Die neue Institutshomepage geht online. Das Institut zeigt sich den Besuchern mit einem zeitgemäßen neuen Auftritt.

Am gleichen Tag werden mit der von Dr. Robert Pracht geleiteten Arbeitsgemeinschaft im Steuerrecht die neuen Lehrräumlichkeiten in der Akademiestraße „eingeweiht".

14. April: Die Vorlesungen des Sommersemesters 2025 beginnen.

Am gleichen Tag stellen Noah Rauth und Noah Zimmermann abseits der allgemeinen Präsentation aller Schwerpunktbereiche in einer separaten Veranstaltung den Schwerpunktbereich Steuerrecht vor.

28./29. April: In Ferrara findet das trilaterale Studierendenseminar statt, das in diesem Jahr das Steuerrecht im Dienst von Umwelt, Nachhaltigkeit und Sozialstaatlichkeit rechtsvergleichend betrachtet. Aus Heidelberg nehmen vier Studierende und Prof. Dr. Hanno Kube teil.

30. April: Mit einer Farewell-Party verabschiedet sich die Fakultät vorübergehend von ihrem Fakultätsgebäude in der Friedrich-Ebert-Anlage.

Mai 2025

8./9. Mai: In Kooperation mit der Hochschule Stralsund findet in Heidelberg der erste Teil eines erbschaftsteuerrechtlichen Seminars statt, das von Prof. Dr. Ekkehart Reimer und Prof. Dr. Thomas Eisgruber geleitet wird.

12. Mai: Ass.-Prof. Dr. Miroslava Večeř aus Prag kommt zu einem mehrwöchigen Forschungsaufenthalt an das Institut.

12./13. Mai: In Berlin feiert der Bundesrechnungshof sein 75-jähriges Bestehen mit einem wissenschaftlichen Symposium. Prof. Dr. Hanno Kube beteiligt sich daran mit Überlegungen zum Thema „Solide öffentliche Finanzen“.

23. Mai: Die Steuerrechtswissenschaftliche Vereinigung Heidelberg e.V. hält die jährliche Sitzung ihres Beirats und die Mitgliederversammlung ab.

Im Anschluss findet das jährliche Symposion der Vereinigung statt, das sich mit der Zukunft der kommunalen Ertragsbesteuerung und dabei insbesondere mit der Gewerbesteuer beschäftigt. Milena Dietz referiert zu der Bandbreite des Begriffs der wirtschaftskraftbezogenen Steuerquelle in Art. 28 Abs. 2 GG. Aus der Praxis berichten Dr. Veronika Rodenhäsuer (Frankfurt a.M.) über die Gewerbesteuer im kommunalen Alltag und Prof. Dr. Sebastian Benz (Köln) über die Gewerbesteuer als Standortfaktor.

Juni 2025

11. Juni: Der bisherige Privatdozent am Institut Thorsten Helm wird zum außerplanmäßigen Professor ernannt.

19. Juni: An der Universität Oxford vergleicht Dr. Robert Pracht im Rahmen einer Vorlesung den Föderalismus Deutschlands mit dem Zentralstaat Großbritanniens. Außerdem wird auf Gemeinsamkeiten und Unterschiede der Legislativorgane (Bundestag und Bundesrat einerseits sowie Unter- und Oberhaus andererseits) eingegangen.

23./24. Juni: Das erbschaftsteuerrechtliche Seminar von Prof. Dr. Ekkehart Reimer und Prof. Dr. Thomas Eisgruber findet seine Fortsetzung in Stralsund.

24. Juni: In Reaktion auf das Urteil des Verfassungsgerichtshofs für das Land Nordrhein-Westfalen vom 14. Januar 2025 sieht ein Gesetzentwurf die Einfügung der Schuldenbremse in die nordrhein-westfälische Landesverfassung vor. An der öffentlichen Anhörung nehmen Prof. Dr. Matthias Valta (Düsseldorf), der am Institut promoviert und habilitiert wurde, sowie Dr. Robert Pracht als Sachverständige teil.

26./27. Juni: Auf einer Tagung zum Thema Steuerkonkurrenzen an der Universität Tübingen spricht Prof. Dr. Hanno Kube über „Steuerartübergreifende Leistungsfähigkeit".

Juli 2025

2. Juli: Zum Abschluss der Vorlesung Abgabenordnung unternehmen die Studierenden mit Prof. Dr. Ekkehart Reimer eine Exkursion in das Heidelberger Finanzamt. Allseits wird der praktische Einblick in die Tätigkeit der Finanzverwaltung gelobt.

Der anschließende Fakultätsausflug führt die Professorenschaft nach Bretten, wo unter anderem das Melanchthonhaus besucht wird.

16.–18. Juli: Dr. Robert Pracht lehrt im Rahmen einer Summer School deutsche Grundrechte für ukrainische Studierende.

21. Juli: Der Arbeitskreis Steuergeschichte hält eine Sach-standstagung ab, die sich mit der Geschichte der Erbschaftsteuer beschäftigt. Referenten sind Prof. Dr. Detlev Jürgen Piltz (Mannheim), der die 150-jährige Entwicklung der Erbschaftsteuer in Deutschland detailliert nachzeichnet, sowie Dr. Ronny Grundig (Greifswald), der in seinem Vortrag auf die Erbschaftsteuer in der Deutschen Demokratischen Republik eingeht.

Am Abend hält PD Dr. Sebastian Huhnholz (Nürnberg) einen Vortrag zu einer möglichen Wahlverwandtschaft von Matthias Erzberger und Max Weber.

22. Juli: Im Rahmen des 12. Rechtspolitischen Kolloquiums referiert Prof. Dr. Ekkehart Reimer neben Prof. Dr. Thomas Pfeiffer und Dr. Reinhard Müller zu dem Thema „Staatsmodernisierung – Was bedeutet das?“.

Am gleichen Tag hält Dr. Robert Pracht im Arbeitskreis Öffentliches Recht einen Vortrag zur Arbeitsweise des Bundesverfassungsgerichts.

29. Juli: Zum Ende des Sommersemesters unternimmt das Institut den traditionellen Ausflug, der die beiden Lehrstühle in diesem Jahr nach Mörlenbach, Wald-Michelbach und Weinheim führt.

September 2025

9. September: Bei einem Fachgespräch der GIZ im Rahmen des Deutsch-Chinesischen Programms Rechtskooperation in Eschborn referiert Prof. Dr. Hanno Kube zum deutschen Haushaltsrecht und zur verfassungsrechtlichen Schuldenregel.

11. September: In Berlin nimmt die von der Bundesregierung eingesetzte Expertenkommission zur Reform der Schuldenregel ihre Arbeit auf. Prof. Dr. Hanno

Kube ist Mitglied der Kommission.

11./12. September: Prof. Dr. Hanno Kube wird in den Wissenschaftlichen Beirat des Bundesministeriums der Finanzen aufgenommen und nimmt an einer Beiratssitzung in Berlin teil.

21.–23. September: In Wien kommt die Deutsche Steuerjuristische Gesellschaft zu ihrer diesjährigen Jahrestagung zusammen, die unter dem Generalthema „Grenzüberschreitende Mobilität im Steuerrecht" steht. Prof. Dr. Ekkehart Reimer analysiert kritisch die traditionellen unilateralen Anknüpfungspunkte bei grenzüberschreitender Mobilität.

24.–26. September: In Potsdam findet die diesjährige Junge Tagung Öffentliches Recht (JTÖR, vormals Assistententagung) statt. Aus Heidelberg nehmen Luca Steinbeck und Johanna Wiegand teil.

Oktober 2025

1.–3. Oktober: Die Vereinigung der Deutschen Staatsrechtslehrer kommt zu ihrer 84. Jahrestagung zusammen und behandelt in acht Referaten Zukunft und Grenzen des Marktmodells.

6. Oktober: Martina Assenza (Pavia) hält sich zu Forschungszwecken für mehrere Wochen am Institut auf.

9. Oktober: Auf dem 14. Heidelberger Symposium für Unternehmensrestrukturierung trägt Prof. Dr. Hanno Kube zur verfassungsrechtlichen Schuldenbremse und zur Arbeit der Reformkommission vor.

9./10. Oktober: Bei dem nach mehrjähriger Unterbrechung erstmals wieder stattfindenden BFH Moot-Court in München erreicht das Heidelberger Team den 3. Platz.

13. Oktober: Die Vorlesungen des Wintersemesters 2025/26 beginnen.

November 2025

7. November: Das diesjährige Institutssymposion nimmt sich einem finanzrechtlichen Thema an

und beleuchtet unter verschiedenen Blickwinkeln die Öffentliche Verschuldung. Prof. Dr. Henning Tappe (Trier) nimmt die grundgesetzliche Schuldenbremse in den Blick, während Philippa Sigl-Glöckner (Berlin) die Staatsverschuldung im europäischen Rahmen beleuchtet. Prof. Dr. Hanno Kube (Heidelberg) springt kurzfristig für Prof. Dr. Hans-Günter Henneke (Osnabrück) ein und thematisiert die kommunale Verschuldung; Prof. Dr. Ulrich Hufeld (Hamburg) betrachtet die Verschuldung der Europäischen Union. Bei der anschließenden Podiumsdiskussion wird von den Referentinnen und Referenten sowie von Prof. Dr. Johannes Hellermann (Bielefeld) und von Prof. Dr. Ruth Weber (Speyer) die Notwendigkeit einer Gesamtschau betont. Im Anschluss wird zum zweiten Mal der Heidelberger Steuerrechtspreis verliehen, der in diesem Jahr der Generalanwältin am Europäischen Gerichtshof, Prof. Dr. Dres. h.c. Juliane Kokott zuteil wird. Die Laudatio hält der vorjährige Preisträger Prof. Dr. Peter Essers (Tilburg).

12. November: Nur wenige Tage nach dem zu Ehren des 90. Geburtstags von Prof. Dr. Reinhard Mußgnug veranstalteten Symposions erreicht das Institut die traurige Nachricht vom Tod Reinhard Mußgnugs. Das Institut trauert um seinen früheren und jahrzehntelangen Direktor, der allen mit seiner warmherzigen Art in ehrender Erinnerung verbleiben wird.

International and European Tax Moot Court

Katharina Steuer

Bereits zum 14. Mal nahm ein vierköpfiges Team der Universität Heidelberg am International and European Tax Moot Court in Leuven (Belgien) teil, der dort vom 30. März 2025 bis zum 4. April 2025 ausgerichtet wurde. Erstmals in der Geschichte des Wettbewerbs ging ein deutsches Team – und zwar dasjenige aus Heidelberg – als Sieger hervor.

(v. l. n. r.: Johanna Reger, Thorsten Grasmück, Bastian Rath, Patrick Seyfried, Katharina Steuer)

Die vier Studierenden Johanna Reger, Bastian Rath, Patrick Seyfried und Thorsten Grasmück befassten sich zunächst in der Schriftsatzphase von

Oktober 2024 bis Januar 2025 damit, je ein Memorandum für den Steuerpflichtigen und die Finanzbehörde zu erstellen. Die beiden zugrundeliegenden fiktiven Fälle – einer für jede der beiden Runden des Wettbewerbs – behandelten insbesondere Fragestellungen der internationalen Unternehmensbesteuerung, wobei die steuerliche Ansässigkeit, die Anforderungen an eine Betriebsstätte sowie der Umfang der vom Abkommen erfassten Steuern – insbesondere im Hinblick auf Digitalsteuern – zentrale Themen waren. Ab Februar 2025 folgten sowohl am Lehrstuhl wie auch bei verschiedenen, renommierten Kanzleien – Gleiss Lutz, Noerr, Poellath, SZA und Hengeler Müller – mehrere „Probepleadings", die dem Team die Gelegenheit boten, die Präsentation ihrer Argumente sowie das Beantworten von Fragen der Jury zu üben.

Ab dem 30.03.2025 fanden dann als Höhepunkt des Wettbewerbs die mündlichen Verhandlungen vor Ort in den Räumlichkeiten der KU Leuven statt. Die 16 Teams, die vor Ort verhandeln durften, wurden basierend auf den Leistungen in der Schriftsatzphase ausgewählt und nahmen zum Teil Reisen aus Indien, Thailand, Brasilien, Serbien, den USA, der Ukraine auf sich, um sich vor Ort unter Beweis zu stellen. In der ersten Runde konnte sich das Heidelberger Team gegen Wien (die Sieger des Vorjahres) und Tilburg durchsetzen. In der zweiten Runde – sechs Teams waren weitergekommen – standen Maastricht (Zweitplatzierte des Vorjahres) und Leuven als Gegner auf dem Plan. Am Abend desselben Tages wurde dann bekanntgegeben: Die Teams aus Heidelberg und Virginia (USA) hatten sich für das Finale qualifiziert. Nun galt es, innerhalb von 24 Stunden einen Schriftsatz für den Steuerzahler zu einem neuen Fall zu verfassen. Thematisch bestand eine Nähe zu den beiden zuvor bearbeiteten Fällen; Schwerpunkte waren die Merkmale einer Betriebsstätte und die Besteuerung nach einer nationalen STTR-Steuer. Nach zwei recht kurzen Nächten kam es dann zu dem entscheidenden, letzten Pleading: Das Team, das durch seine Argumentation und die Beantwortung der Fragen die hochkarätig besetzte, internationale Jury am meisten zu überzeugen vermochte, würde den Wettbewerb gewinnen. Gut eine Stunde nach dem letzten Wort stand das Ergebnis fest: Das Team aus Heidelberg konnte den Court von sich überzeugen und sich damit erfolgreich gegen die University of Virginia durchsetzen.

Über die gesamte Zeit des Wettbewerbs hinweg wurde das Team tatkräftig von Katharina Steuer als Coach, wissenschaftliche Mitarbeiterin am Lehrstuhl von Herrn Prof. Reimer, sowie vom Lehrstuhlinhaber selbst unterstützt. Insgesamt war der Moot Court für das Team eine wahrhaft einzigartige und prägende Erfahrung, vor allem durch die intensive Beschäftigung mit dem Internationalen Steuerrecht sowie durch das konsequente Training der eigenen rhetorischen und argumentativen Fähigkeiten.

Die Universität Heidelberg nimmt traditionell jedes Jahr mit einem vierköpfigen Team am Tax Moot Court teil. Interessentinnen und Interessenten sind herzlich eingeladen, sich im Spätsommer dieses Jahr für die Teilnahme am Tax Moot 2025/2026 zu bewerben. Weitere Informationen werden zu gegebener Zeit vom Institut für Finanz- und Steuerrecht veröffentlicht.

Zukunft der kommunalen Ertragsteuer

Nicolas Pérez Barley

Am Tag der Verfassung, dem 23. Mai 2025, veranstaltete die Steuerrechtswissenschaftliche Vereinigung Heidelberg ihr jährliches Symposium im Anschluss an ihre Mitgliederversammlung. Thema war dieses Jahr „Die Zukunft der kommunalen Ertragsbesteuerung". Hierzu referierten Milena Dietz, Dr. Veronika Rodenhäuser und Prof. Dr. Sebastian Lenz und diskutierten anschließend im Rahmen einer Podiumsdiskussion mit Albrecht Schütte und Jan Peter Seidel.

Als 1. Vorsitzender des Vereins eröffnete *Prof. Dr. Hanno Kube* das Symposion. In seiner Eröffnungsrede wies er auf die prekäre Finanzlage und erhöhte Verschuldung der Kommunen in Deutschland hin. Diese Situation rege dazu an, das bisherige Finanzierungsmodell mit der Gewerbesteuer als Haupteinnahmequelle der Gemeinden zu überdenken.

Im Anschluss bot *Milena Dietz,* Doktorandin am Institut, nach einer kurzen Vorstellung durch *Prof. Dr. Ekkehart Reimer* einen rechtsvergleichenden Blick auf die Gewerbesteuer und erörterte zugleich die verfassungsrechtliche Zulässigkeit von Alternativvorschlägen. Insbesondere analysierte sie vor dem Hintergrund des neuen Koalitionsvertrages die Ergebnisse und Empfehlungen der Expertenkommission „Vereinfachte Unternehmensteuer". Ihr Vortrag mit dem Titel „Bandbreite des Begriffs der wirtschaftsbezogenen Steuerquelle" kam dabei zu dem Schluss, dass eine Gewerbesteuer keineswegs vom Grundgesetz vorgeschrieben sei, solange den Kommunen eine andere wirtschaftskraftbezogene Steuerquelle zugesprochen wird.

Daraufhin bot die Abteilungsleiterin für Steuerangelegenheiten der Stadt Frankfurt a. M., *Dr. Veronika Rodenhäuser*, mit ihrem Vortrag „Die Gewerbesteuer im kommunalen Alltag" einen Blick aus der Sicht der Verwaltung. Praktische Probleme ergäben sich im Alltag insbesondere aus der noch nicht abgeschlossenen Digitalisierung der Behörden und dem Wettbewerb zwischen den Kommunen. Gleichzeitig betonte *Dr. Veronika Rodenhäuser* die Bedeutung und Rentabilität der Gewerbesteuer für die städtischen Finanzen.

Sodann folgte das letzte Referat durch *Prof. Dr. Sebastian Lenz*, Rechtsanwalt und Kommunalpolitiker in Köln, zum Thema: „Gewerbesteuer als Standortfaktor". Darin stellte er fest, dass die Gewerbesteuer insbesondere innerhalb Deutschlands ein erheblicher Standortfaktor sein könne und betonte die Reformbedürftigkeit des derzeitigen Systems, nicht trotz, sondern wegen der Bedeutung der Gewerbesteuer für die Kommunen.

Schließlich kamen alle drei Referenten mit *Prof. Dr. Ekkehart Reimer*, dem Landtagsabgeordneten *Albrecht Schütte* und dem Bürgermeister von Neckargemünd *Jan Peter Seidel* zu einer Podiumsdiskussion zusammen. Hinzu kamen zahlreiche Fragen und Anmerkungen aus dem Publikum. Hierbei kamen Stärken und Schwächen der Gewerbesteuer ebenso zur Sprache wie die Praktikabilität von Alternativentwürfen und die Schwierigkeit einer politischen Einigung für einen Alternativentwurf. *Albrecht Schütte* merkte dabei an: „Ein perfektes System gibt es nicht."

Einigkeit bestand aber dahingehend, dass das jetzige System – mit oder ohne Gewerbesteuer – reformbedürftig ist.

Sachstandstagung – Geschichte der Erbschaftsteuer

Haris Durakovic

Am 21.07.2025 fand in der Bibliothek des Instituts für Finanz- und Steuerrecht die vom Arbeitskreis Steuergeschichte veranstaltete Sachstandstagung zur Geschichte der Erbschaftssteuer statt.

Im Rahmen der Sachstandstagung stellte Herr Prof. Dr. Detlev Jürgen Piltz (Honorarprofessor an der Universität Mannheim und langjähriger Präsident der IFA Deutschland) sein historisch angelegtes neues Buch vor, welches im August bei C. H. Beck erscheinen wird: Prinzip und Wirklichkeit – 150 Jahre Erbschaftsteuer. In seinem einstündigen Vortrag gab Herr Prof. Piltz einen vollumfänglichen Überblick über die Anfänge, Entwicklung und Veränderung der Erbschaftsteuer im Spiegel ihrer gesellschaftlichen Bedeutung und erläuterte eindrücklich die seit 150 Jahren immer wieder aufflammenden Argumente der Befürworter und Widersacher einer Erbschaftsteuer.

Nach dem Mittagessen wurde die Tagung mit einem halbstündigen Onlinevortrag von Herrn Dr. Ronny Grundig (Universität Greifswald) zum

Thema „Die deutsch-deutsche Entwicklung der Erbschaftsteuer von 1945 bis 1990“ fortgesetzt. Hierdurch konnte gleichzeitig an die Ergebnisse der vergangenen Sachstandstagungen „Steuern im Sozialismus“ (Juli 2022 sowie März 2023) angeknüpft werden. Herrn Dr. Grundig gelang es dabei, den Teilnehmerinnen und Teilnehmern anschaulich die Auswirkungen der in der DDR bestehenden Erbschaftsteuer auf den Umgang der Bürgerinnen und Bürger mit ihrem Vermögen, insbesondere Sparguthaben, Immobilien und Erbschaften über die deutsch-deutsche Grenze hinweg, darzulegen. Gleichzeitig hob er hervor, dass Erbrecht und Erbschaftsteuerrecht nur umfassend verstanden werden können, wenn die Begutachtung nicht allein aus der Perspektive eines bundesrepublikanischen Verständnisses von Erbschaft und Steuer erfolgt.

Nach einer weiteren Pause hielt abschließend Herr PD Dr. Sebastian Huhnholz (HIS Hamburg) in der Neuen Universität ab 18.15 Uhr einen öffentlichen Vortrag mit dem Titel "Matthias Erzberger und Max Weber – eine „Wahlverwandtschaft“. Nachdem Herr Dr. Huhnholz zunächst die augenscheinlichen Unterschiede und Gemeinsamkeiten der Persönlichkeiten Matthias Erzberger und Max Weber erläuterte, eröffnete Herr Dr. Huhnholz dem Publikum eine neue Perspektive auf das Wirken dieser beiden Zeitgenossen. So sei einerseits die mit Matthias Erzberger eng verbundene Steuergesetzgebung der jungen Weimarer Republik gleichzeitig auch integraler Bestandteil von dem, was Max Weber in seinen Schriften zur Voraussetzung für einen modernen Staat machte. Andererseits sei das Bild von Matthias Erzberger ebenfalls unvollständig, wenn es allein auf seine Steuerreformen reduziert und nicht in den größeren Kontext der Wandlung des Kaiserreiches in die liberale Demokratie der Weimarer Republik gesetzt werde.

Institutsausflug in den Odenwald

Katharina Seiler/Magnus Biewer

Der diesjährige Sommerausflug führte das Institut für Finanz- und Steuerrecht Ende Juli nach Mörlenbach und Weinheim im Odenwald.

Nach einer 45-minütigen und erfreulicherweise reibungslosen Bahnfahrt nach Mörlenbach nahm der Ausflug mit Einstieg in die Draisinen (Höchstgeschwindigkeit 15 km/h) so richtig Fahrt auf.

Draisinen sind nach ihrem aus Karlsruhe stammenden Erfinder Karl von Drais benannte Fortbewegungsmittel, die in zwei Formen vorkamen: Die sogenannte Laufmaschine gilt als Vorgänger des Fahrrads und diente den Menschen nach dem großen Pferdesterben im Jahre 1815 als Fortbewegungsmittel; sie ähnelt einem Laufrad. Unser Fahrgeschäft gehört zu den Eisenbahn-Draisinen, die vor allem für die Streckenwartung der Eisenbahnen und den Individualverkehr, später aber auch im Bergbau eingesetzt wurden. Heute dienen Draisinen auf stillgelegten Eisenbahnstrecken als

Touristenattraktion. Die Mörlenbacher Draisinen sind Hybrid-Schienenfahrzeuge, die durch Muskelkraft des Fahrers, rein moralisch unterstützt durch das Treten der Mitfahrer, und einem unter anderem durch Solarenergie betriebenen Akku bewegt werden.

Unsere Fahrt führte uns vorbei an zahlreichen Brombeersträuchern über mehrere Viadukte durch die wunderschöne Natur des Odenwalds. Dies sollte jedoch nicht der einzige Spaß auf Schienen bleiben. Angekommen an unserem Ziel Wald-Michelbach, begaben wir uns auf einen kurzen Spaziergang zur örtlichen Sommerrodelbahn, wo ein Teil der Gruppe sich auf die Jagd nach noch höheren Geschwindigkeiten machte, während sich der Rest bei einer Tasse Kaffee eine kleine Pause gönnte.

Gestärkt durch Koffein und Adrenalin, jedoch mit wachsendem Hunger machten wir uns über den Kunstweg auf in Richtung unseres nächsten Ziels. Der Weg bot uns neben zahlreichen witterungsfesten Kunstwerken atemberaubende Blicke über die Hügel und Täler des Odenwalds. Angekommen im Elchpark genossen wir zunächst unser wohlverdientes Picknick und drehten dann noch eine kleine Runde durch den Park, der zwar keine lebenden Elche, dafür aber Elchstatuen und einen Biber beherbergte.

Daraufhin machten wir uns auf den Weg zur Draisinenstation, wo wir gerade noch die letzte Abfahrt erreichten und auf der Rückfahrt nach Mörlenbach noch einmal kräftig in die Pedale traten. Von dort aus steuerten wir die Zweiburgenstadt Weinheim an, die ihren Beinamen ihren zwei Wahrzeichen, der Burgruine Windeck und der Wachenburg, verdankt.

Da wir in einen plötzlichen Regenschauer gerieten, entschieden wir uns, ein frühes Abendessen einzunehmen, und genossen in der Woinemer Hausbrauerei bei guten Gesprächen unser Essen und unsere Getränke.

Bei einem kleinen Nachtisch holten wir den geplanten Stadtrundgang nach, der von einem kleinen Vortrag zu den Highlights der Altstadt gekrönt wurde. Auch wenn sich Weinheim bei dem grauen und nassen Wetter nicht von seiner besten Seite präsentierte, war die Altstadt doch wunderschön und der Besuch ein würdiger Abschluss für den überaus gelungenen Institutsausflug.

BFH Moot Court 2025

Intan Gürke

Nach einer dreijährigen Pause fand in diesem Jahr der 10. BFH Moot Court, ausgerichtet vom Bundesfinanzhof in Kooperation mit der Deutschen Steuerjuristischen Gesellschaft, statt. Dabei handelt es sich um den bedeutendsten Moot Court im Bereich des Steuerrechts im deutschsprachigen Raum.

(v. l. n. r.: Noah Zimmermann, Mika Hoffmann, Mathis Mandel, Intan Gürke, David Rausch, Milan Kielstein, Noah Rauth)

Der Wettbewerb wird als simuliertes Revisionsverfahren durchgeführt, dessen Gegenstand ein aktuell beim BFH anhängiger Fall ist. Über die Leistungen der antretenden Teams entscheidet eine hochkarätig besetzte Jury, die in diesem Jahr unter anderem aus dem Vizepräsidenten des BFH, einer weiteren Vorsitzenden Richterin sowie Vertreterinnen und Vertretern aus

Anwaltschaft, Finanzverwaltung und Wissenschaft bestand. Insgesamt nahmen 13 Universitäten teil.

Das Interesse der Heidelberger Studierenden am BFH Moot Court war in diesem Jahr besonders groß, sodass zahlreiche Bewerbungen eingingen. Die schriftliche Vorrunde begann am 31. Januar 2025 mit der Ausgabe des Falles. Im Kern ging es um die Frage der Anwendbarkeit der Bagatellgrenze bei der Seitwärtsabfärbung von Einkünften im Rahmen der Vorbereitung einer gewerblichen Tätigkeit. Bis zum 2. Juni 2025 war eine Revisionsschrift zu einem fiktiven Revisionsverfahren gegen das Urteil des FG Nürnberg v. 23.12.2023 – 1 K 1572/20 zu fertigen. Auf Grundlage dieser Schriftsätze wählte die Jury vier Teams für die Finalrunde aus.

Erfreulicherweise wurde der Heidelberger Schriftsatz neben jenen der Universitäten Bayreuth, Münster und Hamburg (Bucerius Law School) als einer der vier besten eingestuft, womit sich das Heidelberger Team für die Finalrunde qualifizierte.

Für diese galt es zunächst, bis zum 11. September 2025 eine Revisionserwiderung zu verfassen. Anschließend stand die intensive Vorbereitung auf die im Rahmen der Finalrunde stattfindende mündliche Verhandlung vor dem BFH in München im Mittelpunkt. Zur Vertretung der Universität Heidelberg in der mündlichen Verhandlung wurden Intan Gürke, Mika Hoffmann, Mathis Mandel und David Rausch ausgewählt.

Im Zuge der Vorbereitung nahm das Team an einer Probeverhandlung beim FG Düsseldorf gegen das dortige Universitätsteam teil. Darüber hinaus fanden Probeverhandlungen bei CMS in Stuttgart sowie gemeinsam mit RiBFH Dr. Ruben Martini am Institut für Finanz- und Steuerrecht statt. Begleitet und tatkräftig unterstützt wurde das Team dabei von den Akad. Mit. Noah Zimmermann (Teilnehmer des vorletzten BFH Moot Courts) und Akad. Mit. Noah Rauth (Teilnehmer des letzten Wettbewerbs).

Das Finale fand am 9. und 10. Oktober 2025 beim Bundesfinanzhof in München statt. Nach einem herzlichen Empfang ergab die Auslosung, dass das Heidelberger Team gegen Münster und Bayreuth antreten durfte. Nach der ersten Verhandlung folgte eine beeindruckende Führung durch den Bundesfinanzhof mit RiBFH Prof. Dr. Matthias Loose, der in lebendiger Weise die Geschichte des Reichsfinanzhofs und des heutigen Bundesfinanzhofs erläuterte. Den Abend ließ das Team bei einem gemeinsamen

Abendessen mit den anderen Teams und der Jury in der Erkerbar des Hofbräuhauses ausklingen – eine willkommene Gelegenheit zum Austausch mit Studierenden anderer Universitäten.

Am zweiten Tag folgten die abschließende Verhandlung und die feierliche Siegerehrung: Die Bucerius Law School belegte den ersten Platz, Münster den zweiten, Bayreuth und Heidelberg teilten sich den dritten Platz. Aufgrund der äußerst geringen Leistungsunterschiede wurde kein vierter Platz vergeben.

Abschließend lässt sich sagen, dass der BFH Moot Court allen Studierenden – insbesondere jenen des Schwerpunktbereichs Steuerrecht – wärmstens zu empfehlen ist. Er bietet die einzigartige Möglichkeit, rhetorische Fähigkeiten zu schärfen, das Verfassen von Revisionsschriftsätzen zu trainieren und zugleich den Pflichtstoff des Schwerpunktbereichs praxisnah zu vertiefen.

Öffentliche Verschuldung

Symposion des Instituts für Finanz- und Steuerrecht

Charlotte Nagel

Das jährliche Symposion des Instituts für Finanz- und Steuerrecht fand dieses Jahr am 7. November in der Heidelberger Akademie der Wissenschaften statt. Zu Ehren des 90. Geburtstags des Emeritus *Prof. Dr. Reinhard Mußgnug* kamen Teilnehmer aus Wissenschaft, Wirtschaft und Politik zusammen, um unter dem Titel „Öffentliche Verschuldung" zu referieren und zu diskutieren. Bedauerlicherweise konnte der Jubilar aus gesundheitlichen Gründen nicht persönlich teilnehmen.

Prof. Dr. Hanno Kube eröffnete das Symposion unter Berücksichtigung der wissenschaftlichen und historischen Bezüge des Geehrten zum Themenfeld der Staatsverschuldung. Zudem betonte er die anhaltende Relevanz und den Druck, der auf der Schuldenbremse laste.

Den Auftakt der Referentenvorträge machte *Prof. Dr. Henning Tappe*, der sich den verfassungsrechtlichen Grundlagen der Schuldenbremse widmete. Unter Bezeichnung der Schuldenbremse als „Zeitmaschine" bildete er die historische Entwicklung des Art. 115 Abs. 2 GG nach und veranschaulichte auf diese Weise dessen zunehmende Technokratisierung.

Während der Darstellung der aktuellen Rechtslage beleuchtete er eine Vielzahl offener Auslegungsfragen, insbesondere hinsichtlich der Ausnahmeregelungen des Art. 115 Abs. 2 GG und der Sondervermögen (siehe vor allem Art. 143h Abs. 1 GG). Thema der anschließenden Diskussion war unter anderem das Erfordernis und die Ausgestaltung der Verfassungsregelung.

Am frühen Mittag referierte die Ökonomin *Philippa Sigl-Glöckner* über den europäischen Rahmen der Staatsverschuldung. Hierbei differenzierte sie zwischen den Regelungen und den institutionellen Strukturen. Unter besonderem Praxisbezug stellte sie den komplexen „Rechenapparat“ dar und plädierte für einen stärkeren Fokus auf die Zentralbankfähigkeit. Es bedürfe einer engeren Abstimmung zwischen den Regelungen und den sie implementierenden Institutionen.

Planmäßig sollte nun der Vortrag von *Prof. Dr. Hans-Günter Henneke* zur kommunalen Verschuldung folgen. Aus gesundheitlichen Gründen war der Referent allerdings leider verhindert. *Prof. Dr. Hanno Kube* übernahm daraufhin auf Grundlage der Materialien *Prof. Dr. Hennekes* die Darstellung der kommunalen haushaltsrechtlichen Vorgaben, erläuterte die Umschuldung am Beispiel der Regelungssituation in Rheinland-Pfalz und die Altschuldenübernahme durch den Bund. Diesbezüglich bewertet *Prof. Dr. Henneke* die finanzielle Mindestausstattung als „Königsweg“. Der Verfassungsänderung des Frühjahrs misst er auf kommunaler Ebene nur eine mittelbare Wirkung zu. In der anschließenden Diskussion wurde u.a. auf die Veranlassung der Altschulden durch den Bund hingewiesen und über die Einbeziehung von Kommunen in das Regime der Schuldenbremse in Art. 109 Abs. 3 GG – schon de constitutione lata – diskutiert.

Prof. Dr. Ulrich Hufeld, ein ehemaliger Schüler von *Prof. Dr. Reinhard Mußgnug*, hielt im Anschluss einen Vortrag zur Verschuldung der Europäischen Union. Anhand eines anschaulichen Beispiels unterbreitete er die Frage: „Empfiehlt es sich, der Europäischen Union Geld zu leihen?“ Unter Bezugnahme auf drei europäische Verordnungen („Krisenbewältigungsprogramme“) und deren Rechtsgrundlagen arbeitete er heraus, dass die geltende Rechtslage nur auf langfristige Politik, nicht jedoch auf kurzfristige Krisenbewältigung ausgerichtet ist. Hierfür müsse die Union die Verschuldung als Politikinstrument begreifen. Nach Bejahung der Ausgangsfrage folgte die Diskussionsrunde, die sich insbesondere mit der durchgreifenden Haftung der Mitgliedstaaten beschäftigte.

Das folgende Podiumsgespräch mit den Referenten sowie mit *Prof. Dr. Johannes Hellermann* und *Prof. Dr. Ruth Weber* unter dem Impuls „Die Notwendigkeit einer Gesamtschau" bildete den fachlichen Abschluss. In einer regen Diskussion, an der sich auch das Plenum beteiligte, wurden zeitliche und praktische Aspekte der Staatsverschuldung beleuchtet und Reformansätze diskutiert. Einigkeit herrschte jedoch über die (zu) komplexe Ausgestaltung der nationalen und europäischen Schuldenregel.

Prof. Dr. Ekkehart Reimer resümierte den fachlichen Austausch des Tages und wies besonders auf die Relevanz der sprachlichen Hürden und auf bestehende Herausforderungen hin.

Daraufhin ergriff *Dr. Friederike Mußgnug*, die Tochter des Geehrten, das Wort und dankte im Namen ihres Vaters und der Familie für die besondere Ehre des Symposions. Unter Würdigung der engen generationenübergreifenden Verbundenheit und im Zeichen von *Prof. Dr. Reinhard Mußgnug*, der „die Gemeinschaft mehr lebe als er darüber spreche", überreichte *Dr. Friederike Mußgnug* den Fakultätstalar ihres Vaters an *Prof. Dr. Ekkehart Reimer.*

Den Abschluss des Symposions bildete die Verleihung des 2. Heidelberger Steuerrechtspreises: Geehrt wurde Prof. *Dr. Dres. h.c. Juliane Kokott, LL.M. (Am. Univ.), S.J.D. (Harvard)*, die aus familiären Gründen nicht am Symposion teilnehmen konnte. Der Preisträger des Vorjahres, *Prof. Dr. Peter Essers* hielt die Laudatio, in der er den persönlichen europäischen Bezug der Preisträgerin hervorhob und sie unter Würdigung ihres akademischen Werdegangs als Vorbild und Inspiration bezeichnete. Das Symposion endete mit einem Dankesvideo der Preisträgerin und ihren Worten „Bleiben Sie dem Steuerrecht treu."

Staatsrechtslehrer, Freiheitskämpfer, Menschenfreund: Reinhard Mußgnug (1935–2025) zum Gedächtnis

Hanno Kube/Ekkehart Reimer

Am 12. November 2025 ist – nur wenige Wochen nach der Vollendung seines 90. Lebensjahres – mit Reinhard Mußgnug der langjährige Direktor des Instituts für Finanz- und Steuerrecht verstorben. Als Wissenschaftler war er weit über das Finanz- und Steuerrecht hinaus präsent. Er hat historische Interessen verfolgt, Geschichte und Gegenwart des Öffentlichen Rechts zusammengebracht. Rechtsfragen von Kulturgütern und Sammlungen haben ihn beschäftigt. Er ist für die Freiheit der Wissenschaft und des Wortes eingetreten. Vielfältig hat er sich für die Universität und ihre Mitglieder engagiert. Uns bleibt er als älterer Kollege mit großer Menschlichkeit in Erinnerung.

I. Der junge Wissenschaftler

Reinhard Mußgnug war als Kriegskind lernbegierig. Im Gymnasium haben sich seine Interessen in der Breite entfaltet; im Studium der Rechtswissenschaft hat er sie gezielt vertieft. Sein wichtigster akademischer Lehrer war Hans Schneider (1912-2010)[1]. Er hat Mußgnug früh gefördert, ihn zur wissenschaftlichen Weiterqualifikation gebracht, seine wegweisende Dissertation „Der Dispens von gesetzlichen Vorschriften“[2] betreut und Mußgnug dann zur Habilitation ermutigt. Doch auch anderen Juristen ist Mußgnug bewusst begegnet – etwa als Teilnehmer der Ebracher Ferienseminare dem Heidelberger Ordinarius Ernst Forsthoff und dessen akademischem Lehrer Carl Schmitt[3].

Die Produktivität, die Reinhard Mußgnug bereits in dem Jahrzehnt nach der Dissertation beweist, ist enorm. Zuvörderst ist seine Habilitationsschrift zu nennen, die er bereits im Alter von 34 Jahren – und damit nur fünf Jahre nach der Dissertation – im Jahr 1969 abschließt.[4] Zwischen 1965 und 1975 entstehen zahlreiche weitere verfassungsrechtliche Abhandlungen, oft mit einer besonderen rechtshistorischen Fundierung, daneben viele tagesaktuelle Untersuchungen zum Parlaments-, Parteien- und Wissenschaftsrecht[5], aber auch eine weitere Monographie[6].

Beruflich ist diese Zeit für Mußgnug durch den Umzug nach Berlin und den Antritt seines ersten Ordinariats geprägt: 1971 wechselt der Heidelberger Privatdozent auf einen Lehrstuhl an der Freien Universität, den er be-

---

1 Zu ihm *R. Mußgnug,* Hans Schneider zum 80. Geburtstag, NJW 1993, 42 f.; *ders.,* Hans Schneider. 11. Dezember 1912 - 09. Juli 2010, JöR n.F. Bd. 60 (2012), 377 ff. und erweitert in: Häberle/Kilian/Wolff (Hrsg.), Staatsrechtslehrer des 20. Jahrhunderts, 2. Aufl. 2018, S. 945 ff.

2 Diss. iur. Heidelberg 1963; veröff. in: Heidelberger Rechtswissenschaftliche Abhandlungen n.F., Bd. 13 (1964), 138 S.

3 Vgl. *R. Mehring,* Carl Schmitt. Aufstieg und Fall. Eine Biographie (2009), S. 515; *F. Meinel,* Der Jurist in der industriellen Gesellschaft. Ernst Forsthoff und seine Zeit, 2011.

4 Der Haushaltsplan als Gesetz, veröff. 1976, 412 S.

5 Eindrucksvoll die Bibliographie seiner Schriften in: Grupp/Hufeld (Hrsg.), Recht – Kultur – Finanzen. Festschrift für Reinhard Mußgnug zum 70. Geburtstag, 2005, S. 693 ff.

6 Das Recht auf den gesetzlichen Verwaltungsbeamten, 1970, 59 S.

kleidet, bis er 1975 einen Lehrstuhl für öffentliches Recht und Verfassungsgeschichte der Neuzeit an der Universität Mannheim übernimmt. Unter den Schriften dieser Zeit ragen zwei Beiträge heraus, die bereits die Spannbreite des Werkes Reinhard Mußgnugs abstecken:

Erstens wendet er sich in einem ausführlichen Beitrag für die Festschrift zum 70. Geburtstag Ernst Forsthoffs im Jahr 1972 den damals wissenschaftlich besonders virulent gewordenen nichtsteuerlichen Abgaben jenseits von Gebühren und Beiträgen zu.[7] Seit der sog. Investitionshilfeentscheidung des Bundesverfassungsgerichts[8] standen diese Abgaben, die Peter Selmer in seiner ebenfalls 1972 publizierten Habilitationsschrift prägend als „Sonderabgaben" bezeichnet,[9] unter verfassungsrechtlicher Beobachtung. Mußgnug arbeitet in seinem Aufsatz gegen die frühe Rechtsprechung des Bundesverfassungsgerichts die gleichheitsrechtlichen Bedenken heraus, denen Sonderabgaben ausgesetzt sind, weil sie – im Unterschied zur Steuer als Gemeinlast – nur einer abgrenzbaren Personengruppe auferlegt werden. Nur zwei Jahre später stützt das Bundesverfassungsgericht, das 1954 eine signifikante Bindung des Gesetzgebers abgelehnt hatte, in seinem Beschluss zur Weinwirtschaftsabgabe die Bildung der bis heute geltenden strengen Maßstäbe für die Zulässigkeit von Sonderabgaben auf diese Schriften; der Beitrag Reinhard Mußgnugs wird darin gleich doppelt zitiert[10]. Für eine derartig nachhaltige Prägekraft bietet die Geschichte des Finanz(verfassungs)rechts wenige weitere Beispiele. Reinhard Mußgnug hat das Verfassungsrecht der Sonderabgaben maßgeblich erarbeitet, beeinflusst und erklärt. Auch später begleitet die Problematik der Sonderabgaben sein wissenschaftliches Werk.[11]

Bemerkenswert ist zweitens die ausführliche Schriftfassung des Vortrags, für den Mußgnug am 1. Dezember 1976 von Mannheim aus nach Berlin

---

7 Die zweckgebundene öffentliche Abgabe, FS Forsthoff, 1972, S. 259 ff.

8 BVerfG, Urt. v. 20.07.1954, 1 BvR 459/52 (u.a.), BVerfGE 4, 7.

9 *P. Selmer*, Steuerinterventionismus und Verfassungsrecht, 1972, v.a. S. 183 ff. Zu Ehren von Reinhard Mußgnug unternimmt Selmer über drei Jahrzehnte später einen Vergleich dieser beiden Beiträge: *P. Selmer*, Die sogenannte Gruppennützigkeit der Sonderabgabe – eine Zulässigkeitsvoraussetzung im Wandel, FS Mußgnug (Fn. 5), S. 217 ff.

10 BVerfG, Beschl. v. 05.03.1974, 1 BvL 27/72, BVerfGE 37, 1 (Rn. 52). Drei weitere Zitate später in: BVerfG, Urt. v. 10.12.1980, 2 BvF 3/77, BVerfGE 55, 274, (Rn. 68 und 75).

11 Etwa in einem Gutachten über die Zulässigkeit des baden-württembergischen Wasserpfennigs; vgl. BVerfG, Beschl. v. 05.04.1990, 2 BvR 413/88, BVerfGE 82, 30 (Rn. 2).

zurückgekehrt war: In der traditionsreichen Juristischen Gesellschaft zu Berlin antwortet er auf die Frage „Wem gehört Nofretete?" zunächst ausholend: „Diese Frage wird für Berliner Ohren gewiß befremdlich klingen. In Berlin weiß schließlich jedes Kind und erst recht jeder Taxifahrer, daß Nofretete, wenn nicht Berlin, so jedenfalls *nach* Berlin gehört. [...] Selbst den Juristen, die alles gerne ein wenig komplizierter sehen als ihre Mitmenschen, bereitet Nofretete in bemerkenswertem Unterschied zu manchen anderen Damen kein allzu heftiges Kopfzerbrechen" [12]. Tatsächlich war das Eigentum an der Büste der Nofretete seit über einem halben Jahrhundert im völkerrechtlichen Außenverhältnis umstritten; Ägypten reklamierte die Büste für sich. Doch nun tritt im geteilten Berlin der Streit zwischen West und Ost hinzu. Diesem deutsch-deutschen Streit um den ehemals preußischen Kulturbesitz widmet sich Mußgnug. Gekonnt verbindet er in der monographischen Miniatur seine verfassungsrechtlichen mit verfassungshistorischen und kulturgüterschutzrechtlichen Interessen. Zugleich trägt er die Kurpfalz nach Westberlin: Er führt dem Berliner Publikum vor, wie weit hergeholt es wäre, müssten lange zurückliegende Raubzüge rückgängig gemacht werden: „Sogar der Vatikan wäre betroffen. Er müßte die Bibliotheca Palatina nach Heidelberg zurückgeben. Denn Heidelberg ist ihr Herkunftsgebiet"[13] – und zeigt in sorgfältiger Exegese völkerrechtlicher Übereinkommen und spezifisch deutsch-deutscher Vereinbarungen, dass weder die DDR noch das eine oder andere Berlin, sondern allein die Stiftung Preußischer Kulturbesitz Eigentümerin der Nofretete sei.

Zeigt sich in dieser Abhandlung eine fröhliche Wissenschaft, sind zahlreiche der im engeren Sinne wissenschaftsrechtlichen Publikationen aus der Feder Reinhard Mußgnugs Ausdruck einer unruhigen und herausfordernden Zeit, die Reinhard Mußgnug im akademischen Heidelberg, erst recht dann in Berlin erlebt.

---

[12] Wem gehört Nofretete? Schriftenreihe der Juristischen Gesellschaft zu Berlin e.V., Heft 52 (1977), S. 7.

[13] Nofretete (Fn. 12), S. 16.

II. Freiheit des Wortes, Freiheit der Wissenschaft

Schon in Heidelberg haben ihn die Studentenunruhen, die im Juristischen Seminar und in Störungen einzelner Vorlesungen besonders erlebbar waren, gefordert und auch geprägt. In gesteigertem Maße wirft das Jahr 1968 im Westen Berlins lange Schatten. Doch während viele ältere Hochschullehrer, aber selbst Altersgenossen Mußgnugs die Studentenunruhen als befremdlich, ja bedrohlich empfinden, gewinnt Reinhard Mußgnug ihnen auch Positives ab. Er sieht in den protestierenden Studentinnen und Studenten Menschen mit ihren vitalen Bedürfnissen und findet bei ihnen Erzählstoff für Jahrzehnte: bunte Geschichten und Anekdoten, in denen die marxistische Ideologie ad absurdum geführt wird, wenn der Hunger siegt.

Die Leichtigkeit, mit der Mußgnug in der Rückschau auf die unruhigen Jahre blickt, darf aber nicht den Blick dafür verstellen, wie ernst ihm – ebenso wie seinem Bonner Freund Hartmut Schiedermair und vielen weiteren Hochschullehrern ihrer Generation – die Gefahren erscheinen, die im Ersatz der Wissenschaft durch Ideologie liegen. Mußgnug tritt dem 1970 gegründeten Bund Freiheit der Wissenschaft bei. Vielfältig engagiert er sich im Deutschen Hochschulverband – zunächst nur als juristischer Ratgeber, später auch als Mitglied des Präsidiums und bis zu seiner Emeritierung als Heidelberger Repräsentant des DHV.

III. Zurück in Heidelberg

Seine alte Heimatuniversität ist es, die ihn – von Mannheim kommend – in der Nachfolge des 1978 nach München gewechselten Klaus Vogel auf dessen Heidelberger Lehrstuhl und in das von Vogel 1965 gegründete Institut für Steuerrecht beruft. Die nicht nur steuerrechtliche, sondern gerade auch finanzverfassungs- und haushaltsrechtliche Ausrichtung des neuen Institutsdirektors spiegelt sich in einer Umbenennung und damit auch formal ausgewiesenen Verbreiterung der Forschungsfelder des Instituts wider, das mit der Rückkehr Mußgnugs nach Heidelberg seinen heutigen Namen „Institut für Finanz- und Steuerrecht“ erhält.[14]

Spiritus rector der Berufung Mußgnugs ist sein akademischer Lehrer Hans Schneider[15]. Schneider führt – allenfalls gemeinsam mit dem knapp zehn Jahre jüngeren Karl Doehring – in der öffentlichrechtlichen Fachsäule der Heidelberger Fakultät über Jahre das Regiment. In der Nachfolge Walter Jellineks ist er aber auch Protagonist der großen Integrationsleistung, die in der Wiederbegründung und dem Wirken der Vereinigung der Deutschen Staatsrechtslehrer für die Wissenschaft vom Öffentlichen Recht liegt. Nach Schneiders Emeritierung 1978 übernimmt Reinhard Mußgnug das informelle Amt des Archivars der Vereinigung der Deutschen Staatsrechtslehrer. Streng achtet er einerseits darauf, dass Archivalien nicht in falsche Hände geraten. Andererseits bittet er alle zwei Jahre am Dreikönigstag die bisherigen und die neu gewählten Vorstände der Vereinigung zur Übergabe der Vorstandsämter nach Heidelberg – nicht zuletzt, um das Archiv zuverlässig um die neueren Vorstandsakten zu erweitern.

Aber auch sonst sind die Heidelberger Jahre von großer Disziplin und vielfältigem Engagement in der Universität geprägt – als Dekan setzt sich Mußgnug für seine Fakultät, als Mitglied des Senats und Rechtsberater in vielfältiger Weise auch für die Ruperto Carola im Ganzen ein. Als langjähriger Vorsitzender des Vorstands der Margot und Friedrich Becke-Stiftung[16] ermöglicht er in vielfältiger Weise den wissenschaftlichen Brückenschlag über den Neckar, bringt – insbesondere in den Vortragsveranstaltungen der Stiftung – Vertreter von Geistes- und Naturwissenschaften zusammen und ermöglicht ungezählten Nachwuchswissenschaftlern durch finanzielle Zuschüsse Reisen, Kolloquien und Publikationen.

Über allem kommt die Wissenschaft nicht zu kurz. Zu den Höhepunkten zählt 1988 sein Tübinger Staatsrechtslehrerreferat „Gesetzesgestaltung und

---

14 Bereits *H. Kube/E. Reimer*, Historische Perspektiven: Das Finanz- und Steuerrecht an der Universität Heidelberg, in: Kirchhof/Kube/Mußgnug/Reimer (Hrsg.), Geprägte Freiheit. 50 Jahre Institut für Finanz- und Steuerrecht, HFSt 4 (2016), S. 9 ff. (25).

15 Oben Fn. 1.

16 Internet: https://www.becke-stiftung.de/ (letzter Aufruf: 21.11.2025).

Gesetzesanwendung im Leistungsrecht“, in dem sich thematisch die großen Linien der Schneider-Schule mit Mußgnugs eigenen finanzrechtlichen Interessen kreuzen und in dem die Staatsrechtslehre der alten Bundesrepublik zu einem Höhepunkt findet.[17] Der Referent geht das Thema systematisch an, klärt in kurzen Sätzen die Grundlagen und weist dann Reformperspektiven auf, die bleibende Bedeutung haben. Hier werden Überzeugungen deutlich, die zu den Konstanten im Denken Reinhard Mußgnugs gehören: die identitätsstiftende und erneuernde Kraft des Föderalismus, zugleich seine Erneuerungsbedürftigkeit: „Die wahrhaftig nicht überlasteten Landtage und Gemeinderäte [...] müssen [...] ihre Gestaltungskraft gegenüber den Koordinationseliten in Bund und Ländern zurückgewinnen. Grundsatzgesetzgebung für die wirklich grundlegenden Entscheidungen der Gemeinschaft, im übrigen aber sach- und personennahe Regulierung müssen an die Stelle von phantasieloser Linearität und das urdeutsche Mißverständnis treten, daß gerechte und kluge Gesetzesgestaltung stets etwas mit Einheitlichkeit zu tun hätte“[18].

IV. Jenseits der Universität

Mit den Jahren schlägt Reinhard Mußgnug immer mehr Wurzeln in Heidelberg. Die Familie wohnt in Neuenheim; das Haus in der Keplerstraße 40 ist das lebendige Zentrum einer blühenden, vielseitig interessierten Familie und zugleich ein Ort großer Gastfreundschaft. Die Johannesgemeinde wird zur geistlichen Heimat; Dorothee und Reinhard Mußgnug engagieren sich bis heute im Evangelischen Forum im Johanneshaus. Der Neckar, den Reinhard Mußgnug täglich auf dem Weg in den zweiten Stock des Juristischen Seminars überquert, hat nichts Trennendes. Er verbindet Mußgnugs Geburtsstadt Mannheim mit dem Jugendort Eberbach. An seiner schönsten Stelle, am Durchbruch aus dem Odenwald in den Rheingraben, gewinnt er für den engagierten Ruderer Reinhard Mußgnug sportlichen Eigenwert und wird zur Quelle neuer Geschichten.

---

[17] VVDStRL 47 (1989), S. 113 ff.

[18] VVDStRL 47 (1989), S. 113 ff. (166 f.).

Zugleich nehmen die Reisen zu. Oft ist er in Bonn, jährlich in Hofgeismar: Von 1989 bis 1993 amtiert Mußgnug als Vorsitzender der 1977 gegründeten Vereinigung für Verfassungsgeschichte. In dieser Eigenschaft hat er die Tagungen der Jahre 1991 und 1993 begleitet und geprägt.[19] Auslandsreisen treten hinzu. Hatte Mußgnug in den frühen Heidelberger Jahren vor allem Kontakte nach Italien gepflegt und dazu selber auch Italienisch gelernt, wird er später Protagonist der Heidelberger Beziehungen nach Mittel-, Ost- und Südosteuropa. Große Verdienste erwirbt er sich um die Universitäts- und Fakultätspartnerschaften mit der Eötvös-Lorand-Universität in Budapest und hier insbesondere seinem finanzrechtlichen Kollegen Gábor Nagy. Später beteiligt er sich in Zusammenarbeit mit Peter Hommelhoff, Peter-Christian Müller-Graff und weiteren Heidelberger Kollegen an der Schule des deutschen Rechts an der Jagiellonen-Universität in Krakau und an einem großen Europäischen DFG-Graduiertenkolleg, an dem die Jagiellonen-Universität ebenfalls eine zentrale Rolle spielt. Nach der Emeritierung bekleidet Reinhard Mußgnug mehrmonatige DAAD-Gastprofessuren in Siebenbürgen. Mit allen diesen Aktivitäten erschließt er sich und anderen neue Horizonte und trägt sein gelehrtes Verständnis vom Rechtsstaat und seiner Wissenschaft in das wieder vereinigte Europäische Haus.

V. Begegnungen

Alle, die – wie die Verfasser dieses Nachrufs – Reinhard Mußgnug während ihrer Heidelberger Studentenzeit gehört haben, erleben ihn als konzentrierten, dem Rechtsstoff verpflichteten akademischen Lehrer. Die früher vierstündige Vorlesung „Verfassungsprozessrecht“ liest er an vier Tagen zwischen 8 Uhr c.t. und 9 Uhr. Was Othmar Jauernig im Zivilrecht und im Zivilprozessrecht unternimmt, gelingt Mußgnug für das Verwaltungsrecht: Er verschafft seinem Stoff und seiner Vorlesung eine Prominenz, an der man kaum vorbeikam. Intensiv kümmert er sich um alle Stu-

[19] R. Mußgnug (Hrsg.), Wendemarken in der deutschen Verfassungsgeschichte. Tagung der Vereinigung für Verfassungsgeschichte in Hofgeismar vom 11.3.–13.3.1991. Beiheft zu „Der Staat“ Bd. 10 (1991); ders. (Hrsg.), Entstehen und Wandel verfassungsrechtlichen Denkens. Tagung der Vereinigung für Verfassungsgeschichte in Hofgeismar vom 15.3.–17.3.1993.

dierenden, die ihn um ein Hochschullehrergutachten bitten. Er betreut Generationen von Stipendiatinnen und Stipendiaten der Konrad-Adenauer-Stiftung. Viele von ihnen sind Reinhard Mußgnug bis zu seinem Tod in Freundschaft verbunden geblieben. Diejenigen, die nach ihrem Studium selber einen Weg als Parlamentarier oder Hochschullehrer, Richter oder Verwaltungsbeamte eingeschlagen haben, sind dankbar für die Prägung, die sie in ihrer Heidelberger Zeit, in der Stipendiatengruppe und von ihrem Vertrauensdozenten erfahren haben.

Generationen von Studierenden und Doktoranden hat Reinhard Mußgnug begleitet, und sie haben ihn nicht vergessen. Auch wir haben kein Gespräch mit Reinhard geführt, das er nicht geistreich geführt und freundschaftlich geprägt hätte. Nie haben wir ihn in Eile erlebt, immer in zuversichtlicher, ja fröhlicher Gelassenheit. Wer ihn gekannt hat, folgt Ewald Wiederin, der als Vorsitzender der Staatsrechtslehrervereinigung in seinem Glückwunsch an Reinhard Mußgnug zum 85. Geburtstag 2020 schreibt:

„So breit Ihr Werk thematisch aufgefächert ist, so eng ist es doch durch Ihren unverwechselbaren Stil verknüpft. Mit sorgfältigen, methodisch sauberen Interpretationen rücken Sie auch noch dem verworrensten Gesetzeswerk hartnäckig zu Leibe, bis Sie zu seinem Kern vorgedrungen sind. Dabei verlieren Sie nie den größeren Zusammenhang aus den Augen: Das politische Umfeld beachten Sie genauso wie verwandte Rechtsprobleme, und en passant lösen Sie dabei praktische Fragen, die einer eigenen juristischen Auseinandersetzung würdig wären.

Besonders beeindruckt hat mich indes Ihre gewandte, prägnante, ausgefeilte und lebhafte Sprache. Ob geschrieben oder gesprochen, Ihre Sätze sind wohl gesetzt und treffen sicher. Durch elegante Gedankenführung geleiten Sie Ihre Leser beinahe unbemerkt durch komplexe Fragestellungen, mit Ihrem feinen Humor und Ihrer weit über das Juristische greifenden Bildung machen Sie Ihre Werke auch zu literarischen Erlebnissen.

Inhaltlich sind Ihre Beiträge stark von Ihrem Gespür für Gerechtigkeit durchwirkt: Weder in der dogmatischen noch in der historischen Auseinandersetzung vergessen Sie den Menschen und sein Schicksal. Sie gehen unvoreingenommen an die Sache heran, und namentlich in der historischen Betrachtung machen Sie sich Ihr eigenes Bild, in dem auch die historischen Akteure präsent sind und sich selbst rechtfertigen dürfen. Durch die Berichte unmittelbar Involvierter schaffen Sie auch atmosphärisch dichte Darstellungen"[20].

Mit seiner großartigen Familie, vielen Freunden und Weggefährten nehmen auch wir in seiner Universität, seiner Fakultät und seinem Institut nun Abschied von Reinhard Mußgnug. Fachlich und menschlich verdanken wir ihm viel.

---

20 *E. Wiederin*, Brief zum 26. Oktober 2018, Archiv der Vereinigung der deutschen Staatsrechtslehrer, Heidelberg.

Bisher in dieser Reihe erschienen:

HFSt 1 (2015) Hanno Kube/Ekkehart Reimer (Hrsg.), Subsidiarität in der Finanzverfassung, ISBN 978-3-86541-783-1

HFSt 2 (2016) Hanno Kube, Rechtliche Grundlagen und Grenzen der EU-Bankenabgabe, ISBN 978-3-86541-837-1

HFSt 3 (2016) Ulrich Hufeld/Hanno Kube/Ekkehart Reimer (Hrsg.), Entwicklungslinien der Finanzverfassung, ISBN 978-3-86541-888-3

HFSt 4 (2016) Paul Kirchhof/Hanno Kube/Reinhard Mußgnug/Ekkehart Reimer (Hrsg.), Geprägte Freiheit in Forschung und Lehre - 50 Jahre Institut für Finanz- und Steuerrecht, ISBN 978-3-86541-889-0

HFSt 5 (2016) Johannes Becker/Leonhard Kornwachs/Kamilla Zembala-Börner, Die gemeinsame Europäische Bankenaufsicht als Reformmodell für die verstärkte Zusammenarbeit?, ISBN 978-3-86541-895-1

HFSt 6 (2017) Hanno Kube/Ekkehart Reimer, Europäisches Finanzrecht: Stand - Methoden - Perspektiven, ISBN 978-3-86541-935-4

HFSt 7 (2018) Hanno Kube/Ekkehart Reimer (Hrsg.), Größenneutralität im Recht der Unternehmensbesteuerung, ISBN 978-3-86541-981-1

HFSt 8 (2018) Hanno Kube/Ekkehart Reimer (Hrsg.), Das Beihilfenrecht als Innovationsmotor des Steuerrechts, ISBN 978-3-86541-982-8

HFSt 10 (2019) Hanno Kube/Ekkehart Reimer (Hrsg.), Geprägte Freiheit 2018/19, ISBN 978-3-96543-001-3

HFSt 11 (2019) Johannes Klamet, Digitale Wirtschaft und zwischenstaatliche Verteilungsgerechtigkeit, ISBN 978-3-96543-061-7

HFSt 12 (2019) Hanno Kube/Ekkehart Reimer (Hrsg.), Ausnahmen brechen die Regel, ISBN 978-3-96543-080-8

HFSt 13 (2020) Hanno Kube/Ekkehart Reimer (Hrsg.), Geprägte Freiheit 2019/20, ISBN 978-3-96543-099-0

HFSt 14 (2020) Hanno Kube/Ekkehart Reimer (Hrsg.), Alternative Währungen - Herausforderungen des Finanz- und Steuerrechts, ISBN 978-3-96543-170-6

HFSt 15 (2021) Hanno Kube/Ekkehart Reimer (Hrsg.), Geprägte Freiheit 2020/21, ISBN 978-3-96543-185-0

HFSt 16 (2021) Hanno Kube/Ekkehart Reimer (Hrsg.), Solid Financing of the EU, ISBN 978-3-96543-281-9

HFSt 17 (2021) Hanno Kube/Ekkehart Reimer (Hrsg.), Das negative Vorzeichen im Steuerrecht, ISBN 978-3-96543-282-6

HFSt 18 (2022) Hanno Kube/Ekkehart Reimer (Hrsg.), Geprägte Freiheit 2021/22, ISBN 978-3-96543-292-5

HFSt 19 (2022) Hanno Kube/Ekkehart Reimer (Hrsg.), Brennpunkte des Steuerinformationsrechts, ISBN 978-3-96543-376-2

HFSt 20 (2023) Hanno Kube/Ekkehart Reimer (Hrsg.), Geprägte Freiheit 2022/23, ISBN 978-3-96543-378-6

HFSt 21 (2023) Dorothee Mußgnug, Das Deutsche Notgeld 1919–1931,
ISBN 978-3-96543-421-9

HFSt 22 (2024) Hanno Kube/Ekkehart Reimer (Hrsg.), Geprägte Freiheit 2023/24,
ISBN 978-3-96543-423-3

HFSt 23 (2025) Hanno Kube/Ekkehart Reimer (Hrsg.), Geprägte Freiheit 2024/25,
ISBN 978-3-96543-553-7